讓全球新聞變得「錢顯易懂」

世界大局用錢解讀

大村大次郎——著

江裕真——譯

お金で読み解く世界のニュース

目錄

前　言　從金錢問題看世界大局……11

第一章　美國狂欠債，憑什麼稱霸全球經濟？……13

美股屢創新高，經濟一定好？……14
史上最會借錢的國家……17
隨時可能經濟大崩潰……20
新聞為什麼不提「雙赤字」？……22
美國經濟為何凋零？……24
西德與日本的強大出口，讓美國開始欠債……27
基礎貨幣的超級魔力……29

美元為何還是全球的基礎貨幣？……31
阻止黃金不斷流出的尼克森衝擊……33
印鈔票就好？美國的鍊金術……35
美元改變了貨幣的歷史……37
軍事力量是美元信用的保證……40
在金本位制時代，美國早就破產了……42
全世界都陷入了金錢遊戲……44
當金融業變成本業……47
美軍保衛的是美元……49
美國為什麼打海珊？……52

第二章　中國的人權問題，其實是經濟問題……55

鴉片戰爭的恥辱……56
中共崛起讓世界跌破眼鏡……60

貪腐而墮落的國民黨……62
不被國際承認的中共政權……66
中蘇關係的惡化……68
中國經濟發展第一步：與西方陣營破冰……71
日本讓中國首度登上國際舞台……73
日本還讓中國免於被國際孤立……77
中國經濟奇蹟的背後策略……79
中共巧妙利用了資本主義……82
亞投行的威脅……83
打壓新疆與西藏是為了經濟？……86
臺灣問題是中國經濟的致命傷……89

第三章 歐洲能否奪回世界經濟中心寶座？

第三章 歐洲能否奪回世界經濟中心寶座？……93
歐盟這個巨大實驗……94

德法水火不容，為何能攜手合作？……97
德國的怨恨之心……100
看似不可能的西德復甦……103
德國的潛力從哪裡來？……105
美國百般阻撓，促使德法合作……109
魯爾工業區是歐盟的前身……111
想奪走美元的基礎貨幣寶座……113
希臘危機導致外匯存底占比大減……115
英國的影響力陰魂不散……117
避稅天堂的幕後操縱者……119
英國的衰落與墮落……123
避稅天堂源自十九世紀……124
遍及全世界的避稅天堂……127
英國的經濟恐怖主義……128

雷曼兄弟風暴的爆發點在倫敦……130
俄羅斯為什麼敢惹美國？……132

第四章 伊斯蘭世界與歐美為敵？中東烽火始於經濟……137

中東問題的根本在於錢……138
英國在中東埋下了火種……143
石油讓中東情勢更複雜……149
美國和阿拉伯有什麼密約？……150
美國與以色列的蜜月關係……152
產油國的群起……154
連美蘇都嚇倒的石油危機……158
石油危機竟讓阿拉伯國家出現裂痕……162
埃及與以色列閃電和解……164
伊朗革命的衝擊……165

美軍撤退，塔利班浴火重生……168
蘇聯入侵與伊斯蘭激進派……171
阿富汗人民為何支持塔利班？……175
賓拉登害到塔利班……176
塔利班的外交努力走錯了一步……180
阿富汗和歐美打得難捨難分……183
國家有難，給了塔利班壯大的機會……186

第五章 日本經濟回不去？一代強國的死路與出路……189

柏林圍牆倒塌，導致日本泡沫經濟破滅……190
二戰後的日本經濟靠的是「鐵」……192
日本用出口痛擊美國……194
所得倍增計畫創造了高度成長……196
蘇聯瓦解，讓美國經濟奇蹟似地復活……200

美國害怕自己被日本買光光……203
美國要求日本把錢拿去建設……205
日本發行巨額國債的真正原因……208
丟到海裡的六三〇兆圓……209
美國戳破了日本泡沫經濟？……211
經濟失速，嚴重侵蝕日本勞工權益……215
非正職加低薪是少子化的原因……218
日本企業全球最有錢，卻不給更多薪水……219
薪資下滑是日本經濟低迷的元凶……223
日本現在就需要的「經濟循環」……225
第六章　全球經濟的走向……227
新冠肺炎後的全球經濟……228
全球暖化與貧富差距……230

借更多錢，才能推動全球經濟循環？……232
當務之急是創建「世界中央銀行」與「世界貨幣」……236
歐元是絕佳的範本……238
不能讓美國經濟垮掉……240
從根本解決人類的問題……241
現代貨幣理論的迷思……244
引爆全球經濟的世界貨幣……247
向有錢人課稅的間接手段……249
後記　要解決人的問題，先解決錢的問題……251
參考文獻……253

前言

從金錢問題看世界大局

每天，都會有各種國際新聞映入我們的眼簾。從國與國的對立、國際大事件，到宗教問題、紛爭與戰爭，諸如此類。

這些國際新聞，撰寫時往往都是以政治與思想為背景，外界很容易就會以非好即壞的二分法，來解讀這些新聞。

但我們可以說，國際新聞背後一定都會牽涉到金錢的問題。

例如，阿富汗問題。

現在的阿富汗，是由外界視為激進派的塔利班所掌權。當美國這個大國宣布要從阿富汗撤回駐軍後，塔利班馬上就掌控了阿富汗全境。根據新聞報導，塔利班之後做出了許多不容於現代社會的侵害人權行為，像是嚴格限制女性的就學與就業。很多人都認為，阿富汗人民的日子過得很苦。

但如果從經濟的角度來看這些新聞，卻可以看出截然不同的面向。

阿富汗原本的政權接受了美國與國際社會的援助，結果腐敗叢生，收取來自全球的龐大援助金，卻被統治階層撈走，人民的生活還是一如往常地困苦。照理來說，國際提供的軍事費用要讓阿富汗維持國內安全還綽綽有餘，但實際上軍人們卻領不到像樣的薪餉，於是軍隊士氣越來越低落。

相較之下，塔利班手邊的資金從來不算多，卻很少有貪腐，基層的軍人們都能領到數倍於政府軍的薪餉。正因如此，塔利班面對有美國當強力後盾的政府軍，照樣能夠獲勝。此外，很多平民也覺得在塔利班主政下，日子反而能過得比較好。

塔利班對於女性人權的侵害，固然不能無視，但我們不能直接斷言「原本的政權很棒，塔利班政權很爛」，像這種分析太過簡化了。

只要從金錢的角度來看國際新聞，就會看到不同於以往的全新面向。龐大的真相就藏身其中。我寫這本書便是希望各位讀者能知道這些事。

第一章

美國狂欠債，
憑什麼稱霸全球經濟？

美國的經濟，有些地方卻連美國的專家都看不下去？
三十分鐘看懂世界經濟霸權的優勢與弱勢。

美股屢創新高，經濟一定好？

美國現在是各國眼中的世界第一經濟大國。即使遭逢新冠疫情，美國股市仍創下史上新高點。諸如此類的數據，讓美國看似「景氣很好」。

但如果要說到美國經濟是不是真的很好，其實完全不然。美國經濟已經持續「危險駕駛」超過半個世紀了。

美國之所以被認為是世界第一的經濟大國，不過是因為經濟交易額全球最多，如此而已。

不過，「交易金額最多」和「是否賺錢」則是兩回事。

舉個例子，有一家遍及全國的房產公司，與另一家地區型的麵包店，兩者如果比交易金額，那鐵定是房產公司比較多。光是進貨金額就相差甚遠了。而論每天的交易金額，房產公司和麵包店之間的差距，恐怕高達五、六位數。

但即使如此，房產公司也未必就賺錢。

同樣是房產公司，也有分「有賺錢」和「沒賺錢」的。麵包店也一樣，雖然規模小，有不少店卻是相當賺錢。如果某家房產公司沒賺錢，那他們的虧損金額可能非同小可。而美國就屬於那種「不賺錢的房產公司」。

只看股市的話，美國經濟近年來確實景氣很好。

不過，我們只要稍微理解美國經濟的實際狀況，就會發現美國的經濟狀況根本不能謂之好。

美國現在是全球第一負債大國，而且負債金額還在逐年增加，甚至看不出能還清的可能性。一個國家在這種狀態下，經濟無法用好來形容。這是連小學生都懂的道理。

假設你身邊有一個人，他的生活極其奢華，但同時身上的負債卻多到還不清，而且想一再拖延還款期限。你看到這樣的人，真的會覺得「他是經濟勝利組」嗎？會覺得「他的日子過得很好」嗎？

你如果不知道他欠了一屁股債，會有上述的感覺也無可厚非，但你確實知道他負債累累。

這樣一來，你對這個人的看法應該會是「金錢觀很糟糕」、「應該要好好改變這種經濟狀態」吧？

當然，你說不定會質疑：「那麼，為何美國的股價還這麼高呢？」

請仔細想一想。「股價很高」並不等於「經濟景況佳」。日本在安倍晉三接手首相後，實施了安倍經濟學，股價因而漲了將近三倍。但不管是誰，被問到當時日本經濟是否真的很棒，應該沒有人可以自信滿滿地回答「沒錯」吧？

日本的股價之所以上翻，是貨幣寬鬆政策的威力使然。日本銀行大量釋出貨幣，金流無處可去，就跑去推升股價，如此而已。但更正確的說法是，日銀刻意讓貨幣往股市跑。

換句話說，政府的貨幣寬鬆政策硬把股價往上推升。

所謂的股價，會因為不同時期的外在金融環境而時高時低。在資本主義經濟的歷史上，這個現象已經被多次證明。

美國的股價之所以高，絕不是因為美國的經濟很好。部分美國企業確實很好，畢竟那些上市大企業的經營狀況多半都很好，股價會漲是必然的。

再者，由於美國的國際金融市場很健全，全球的投資熱錢都會往美國跑，股價確實容易往上走。

而且，美國在雷曼兄弟風暴之後實施過規模遠大於日本的貨幣寬鬆政策，其餘波到今天依舊發揮著影響力。

史上最會借錢的國家

美國的經濟究竟有多糟？我想要舉一些具體的數字來說明。

美國的債務餘額，目前約有二八・五兆美元。[1]換算為日圓的話，約為三千兆圓。

這幾年，希臘的財政危機成了大家討論的話題。希臘事實上已陷於債務違約，還影響到整個歐元區。但目前希臘的債務餘額，竟然大概只有美國的一・五%而已。

當然不能這樣直接比較，因為美國和希臘的經濟規模不同。然而美國所背負的債務餘額，已經是撼動歐元區的希臘的百倍。

歷史上，沒有任何一個國家像美國曾經累積了如此龐大的債務餘額。

日本的赤字國債（特例國債），規模約為一千兆圓，因此從人口比來看的話，日本和美國的嚴重程度，其實差異不大。

不過，日本的國債絕大部分都在日本國內市場消化掉，相較之下，美國的國債卻是由全球各國買下。

也就是說，美國政府等於是向世界各國借錢，來維持自己的財政。想當然爾，美國財政會確實受到世界經濟的影響。

而且美國還另外有對外負債。

前面提到的赤字國債，是一國政府（包括地方政府）的借款。現在的美國，除了赤字國債以外，另有約四三兆美元的對外債務。[2]換算成日圓，大約是四千七百兆圓左右。

此外，美國從對外債權中扣去對外負債，所得到的對外淨資產也是約十四兆美元的負值，[3]換算成日圓約為一千五百兆圓。亦即，美國的淨負債約為十四兆美元。這筆十四兆美元的對外淨負債，也是全球最高。

1 編注：約為新臺幣九一九兆元（本書換算皆依二〇二四年五月匯率計）。
2 編注：約為新臺幣一三八七兆元。
3 編注：約為新臺幣四五二兆元。

隨時可能經濟大崩潰

美國的國際收支（經常帳）絲毫看不出有改善跡象。

看看美國在二〇一九年的進出口額，出口額略高於一兆六千億美元，相較之下進口額高達二兆五千億美元以上。

進口額是出口額的一・五倍。

這種情境已經持續頗長一段時間。自一九九二年至今，近三十年的時間，美國的國際收支（經常帳）都是赤字，二〇二〇的赤字額為六四七二億美元。

這種情形如果持續下去，再怎麼樣，政府都一定有破產的可能。

講更直接一點，現在的美國，可以說是隨時破產都不意外。我從未聽聞有哪一國的對外負債，比現在的美國還高。其他國家既沒有辦法像美國欠這麼多錢，而且在負債膨脹到這麼多以前，就已經先發生債務違約了。

也就是說，美國是全世界最糟糕，也是史上最糟糕的欠債大國。

但另一方面，日本從對外債權扣除對外負債後所得到的對外淨資產，約為三兆美元的正數，是全球對外淨資產第一多的國家。日本政府固然財政拮据，國家整體來說卻是很豐足的。

這樣讀者可以理解美國經濟有多糟糕了嗎？

美國甚至可以說是「全球經濟狀態最糟糕的國家」。

每年，美國都會為了這筆欠款發行大量的國債。但這並不代表，美國政府很認同每年都讓國債持續增加。

第一次世界大戰期間，美國為避免政府無限發行國債所帶來的危險，制定了《第二次自由債券法案》（Second Liberty Bond Act），訂定國債發行的上限。但現在的美國國債老早就超過了此一法案的上限，所以他們一直以來，每兩年一次，透過如提高上限或暫停上限等檯面下的手段，來避免真的超過上限。

依照美國法律，只要超出《第二次自由債券法案》所訂定的上限，就無法再發行國債，而只要議會不提高債務上限，美國就會發生債務違約。

如果在預算等方面沒辦法說服國會，那提高上限的法案很可能就會被否決。這種情形稱之為「財政懸崖」（fiscal cliff），相關新聞時不時就會出現，很多讀者應該都有印象。

提高債務上限目前還不曾被議會否決。畢竟各國都害怕美國債務違約。但今後如果美國總統與議會之間出現強烈對立，國會一樣可能會否決提高債務上限。現在的美國財政，就是在這種如履薄冰般的狀態下運行。

新聞為什麼不提「雙赤字」？

從一九八〇到九〇年代，美國的經濟問題常被描述為「雙赤字」。當時新聞頻繁報導，相信有些讀者曾聽聞。

所謂的雙赤字，就是「經常帳赤字」與「財政赤字」這兩種赤字。「經常帳赤字」是指，貿易與投資等國際交易，加總起來是赤字。至於「財政赤字」則是指，政府的歲出只靠國家的稅收仍不足以支應，所以變成赤字。

如前所述，美國長年都處於「經常帳赤字」的狀態，對外淨負債現已膨脹到約一四兆美元。至於債務餘額，已達約二八．五兆美元。即便如此，近年的新聞報導似乎已經很少有這種「雙赤字」的討論了。

讀者應該看得出原因吧？

當然不是這個問題解決了。之所以不再提出來談論，其實是因為「雙赤字」在美國經濟已經變成常態。由於太理所當然，連新聞也不再報了。換句話說，「經常帳赤字」與「財政赤字」的狀態在美國已經變成理所當然了。

但這種狀態不應該被視為「理所當然」，如果一直下去，這種極其危險的狀態遲早會出事。

美國經濟為何凋零？

美國經濟固然長期苦於對外債務與財政赤字，但直到第二次世界大戰之後，美國在全球經濟中都還實力堅強。日本在太平洋戰爭中輸給美國的關鍵原因，就是雙方在經濟上的莫大差距。

美國自建國以來，就不輸給歐洲的先進國家。由於美國是當時走在世界最前端的英國移民所創建的國家，在英國的豐沛資本下得以迅速完成大規模的開發。

而且，美國還是全球國土第三大的國家。國土適於務農，帶來了豐饒的作物。不只能讓國民吃飽，美國過去也是能大量出口農產品的農業大國。

美國遍地是油田、金礦與礦山，也是全球最大的產油國。全球最先大量產出石油的國家，其實就是美國，現在也是全球第一大產油國。

亦即，美國過去有著相當豐饒的土地與資源，是世界最豐足的國家。再者，在兩次世界大戰中，美國不但本土完全沒受到戰火破壞，還硬把龐大的軍需物資賣給了聯合國。

自然而然，美國無論貿易帳或經常帳都是大贏家。舉凡農產品、資源與工業產品，當時的美國出口品要多少有多少，而進口品卻是寥寥可數。畢竟光靠國內的生產就已足夠。

因此，美國在二戰結束時，取得了全球七成的黃金。當時，每個先進國家都施行金本位制，貿易的付款最後都是以黃金為主，讓美國不斷累積黃金。

還有一件事，當時的「黃金儲備量等於一國的經濟力」。也就是說，當時的美國就掌握了全球經濟力的七成。

美國在那時，不折不扣處於獨擅勝場的狀態。

二戰後的一九四八年，美國實施了馬歇爾計畫（The Marshall Plan）。馬歇爾計畫就是，美國自一九四八至五一年，對西歐各國提供一〇二億六千萬美元的經濟援助。其中約九十億美元是不需償還的贈與，其餘則是融資。九十億美元大約是當時美國年度預算的兩成。

站在當時的美國角度，如果歐洲無法復甦、繼而購買美國產品，對美國經濟是不利的。這種大撒錢似乎有些過頭了，但那時美國的用意是在炫耀經濟實力。

美國當時就是這樣一個豐足的國家，有本事提供巨額援助。

正如大多數人都聽過的，美國前總統川普曾經祭出多種貿易保護政策，像是退出TPP（跨太平洋夥伴協定），或是不時對貿易黑字的國家發動關稅制裁等。

不只是川普，後來的拜登總統也認同退出TPP一事，而且目前並無重回TPP的規畫。

美國以往都是硬拖著全球走向自由貿易，為何時至今日，會變成改走貿易保護主義呢？

原因在於，美國的出口能力，已經變得不如其他國家了。

在二戰後，才過了二十六年光景，過去對自身強大出口能力如此驕傲的美國，已淪為貿易赤字國。

西德與日本的強大出口，讓美國開始欠債

到二戰後都還所向無敵的美國，為何會淪為貿易赤字國而苦於龐大負債呢？

大致上有兩個原因。第一個原因是，西德與日本的經濟發展。第二個原因是，極其龐大的軍事費用。

首先，我想要從讓美國經濟凋落的第一個原因，「西德與日本的發展」說明起。這使得美國在二戰前一枝獨秀的方程式，沒辦法長期維持下去。

美國經濟原先具有壓倒性優勢，但在二戰後的短短二十年內，就出現了足以威脅美國地位的國家。

一開始是西德。

西德本來就有很高的經濟潛力。德國在一戰前，已經是僅次於美國的世界第二大工業國。雖然德國在一戰之後被要求巨額的賠償，政府也被窮追猛打到幾乎要破產，但到了二戰後，世界第二大工業國的地位仍然屹立不搖。

此外，德國的工業設備沒有受到太多戰火波及。根據同盟軍的調查，德國產業整體因戰爭造成的損害大約是兩成。雖然德國首都柏林遭同盟軍攻陷，產業的受損程度卻意外地低。

因此在一九四九年，戰後才短短四年，西德的工業生產就已經回復到戰前最高點，也就是一九三六年的水準。其後，西德經濟呈現突飛猛進的成長，在一九五〇至五八年間，國民所得翻為二．二倍。GNP（國民生產毛額）以名目GNP來看是二．二倍，以實質GNP來看的話是一．八倍，工業生產變成兩倍，出口變成四．四倍。

二戰後的德國，遭美英法蘇四國分割統治，被分成東西兩邊。雖然環境很差，但西德依然扭轉了這些惡劣條件，急速成長。由此可見原本德國的工業實力有多強。

那時，西德對美國的出口還沒有那麼多。但因為歐洲的工業產品市占率有爆發性的成長，所以美國的市占率勢必會縮小。

此外，日本的發展也很驚人，細節我會再說明。日本繼西德之後也經濟復甦，在美國原本擅長的鋼鐵與汽車等領域一一搶走市占率，大大打擊了美國經濟。

美國從全球第一大債權國淪落為全球第一債務國，主因就在這裡。美國的貿易帳在一九七一年變成赤字，並在其後五十年不斷累積對外赤字。

基礎貨幣的超級魔力

正如前文所提到的，美國這個國家的貿易帳長期維持赤字，是全球第一欠債大國。

然而，美國目前卻依舊是稱霸全球的經濟大國。這是為什麼？

背後有諸多原因，最大的原因在於，「現在的世界經濟體系，結構上是以美國為中心」。

現今世界經濟體系的遊戲規則，是在二戰後不久建立的。例如，在世界經濟中扮演要角的國際貨幣基金組織（IMF），實際上就由美國控制。

國際貨幣基金組織在投票表決時，固然需要八成五以上的贊成才算數，但美國是加盟國中唯一出資超過一成五的國家，擁有超過一五%的投票權。也因此，只要是美國反對的議案就絕對無法通過（即美國擁有否決權）。世界銀行也有同樣的機制。

就像這樣，目前在種種的世界經濟與金融體系中，美國都在核心位置。想當然爾，美國會把事情往有利於自己的方向安排。

而在以美國為中心的體系中，最重要的就是「基礎貨幣」。

現在，全球的基礎貨幣採用的是美元。

全球貿易中，交易付款多半會用美元。就算交易本身與美國毫無關係也一樣。例如，日本向阿拉伯國家買石油時，所用的貨幣就是美元。

這種所謂的「基礎貨幣」，具有一種不可思議的魔力。為了貿易時的付款，世界各國都會想要擁有美元。因此，就算美國什麼也不做，世界各國一樣會不斷買進美元。

此外，就算貿易赤字一再擴大，美國只要拿美元紙鈔付款，就沒事了。美國只要用印鈔機印出美鈔就好了。

美國的欠款已經累積得如此龐大，經濟卻還沒垮掉，到現在依舊是稱霸全球的世界經濟之王，追根究底可以歸功名為「基礎貨幣」的魔法。

只要美元還是基礎貨幣，美國就不會因為欠債過多而垮掉。支撐美國經濟的，其實就是「美元＝基礎貨幣」這個機制。

美元為何還是全球的基礎貨幣？

就算如此，為什麼美國這個欠債大國的貨幣（美元），到現在都還是全球的基礎貨幣，廣泛受到使用呢？我來說明一下來龍去脈。

美元是在二戰後成為基礎貨幣。

在那之前，全球的基礎貨幣是英鎊。如同各位所知，英國從十八至二十世紀初都是世界經濟的中心。英國在世界各地都有殖民地，也是全球最早出現工業革命的國家。

英國從世界各地聚集財富，握有為數龐大的黃金。英國憑藉這些黃金，導入了全球最早的金本位制。由英國開始運用的金本位制，成了全球金融體系的起跑點。

英國保有龐大的黃金，英國的通貨「英鎊」很快就成了全球的基礎貨幣。

在當時，就算是第三國之間的貿易（非與英國直接貿易）也會使用英鎊。例如，二次大戰前日本向外國買東西時，多半不是用日圓，而是用英鎊。

不過，英國在二戰時遭受了很大的損害。

相較於英國，美國在二戰期間已經保有全球黃金總量的七成了。

當時的世界金融，是以「金本位制」為主流。所謂金本位制就是一種把貨幣與黃金的價值連結在一起的金融制度。各國的通貨都有兌換為黃金的義務，必須視黃金的儲備量來決定通貨的發行。

但是自一九二〇年代起，這套金本位制就漸漸式微了。各國苦於黃金儲備量減少，進而停止了貨幣與黃金之間的兌換。

接著爆發了二戰，歐洲與日本的黃金儲備量又變得更少，於是金本位制變得難以繼續實施。

這種狀況下，美國是唯一認可本國貨幣美元可以和黃金互相兌換的國家。美國因為有全球七成的黃金量，所以當時要接受美元兌換為黃金是可行的。

理所當然，美元就成了全球經濟的中心。

美元可以換成黃金，因此價值是有保障的。其他國家的貨幣因為不接受兌換為黃金，價值則沒有保障。而在貿易的付款等層面上，大家自然變為使用美元。

阻止黃金不斷流出的尼克森衝擊

如前所述，美國經濟在二戰後急轉直下。

自一九五〇年代後半開始，西歐各國（尤其是西德）與日本的經濟逐步復甦，漸漸奪走了美國產品的市占率。美國出口能力一直以來所向無敵，這時卻大幅走弱。到了一九七一年，貿易帳淪為赤字已成現實。

隨著出口能力弱化，美國的黃金也急遽外流。

此外，美國在二戰後不僅為世界各國提供經濟援助，也曾多次採取軍事行動，這些都加速了黃金的流出。美國因為經濟援助與軍事行動，在全球大撒美元。

這些美元被兌換為黃金，使得美國的黃金開始急遽流出。一旦美國的黃金流出，持有美元的任何人或國家，就會感覺芒刺在背，急著要把美元兌換為黃金。於是就演變成，大家都想趕快拿美元兌換黃金回來，直到美國停止接受美元兌換黃金。

美國的黃金流出，在一九五〇年代就已經開始了，光是一九五八這一年，就有約兩千噸的黃金流到國外。進入六〇年代後，由於出口不振等因素，更是加快了黃金流出的速度。到了一九七〇年左右，美國的黃金持有量，已經掉到八千噸左右。

美國的黃金儲備量在二戰後約有兩萬兩千噸，這樣看來，二十五年左右共流出了約六成。照這種流失速度來看，美國的黃金將會消耗殆盡。

一九四四年的布列敦森林會議（Bretton Woods Conference）中，由於美元可以兌換為黃金，就決定以美元做為全球經濟的基礎貨幣。當時的美國握有全球黃金的七成，有本事接受美元兌換為黃金。

「美元＝基礎貨幣」是二戰後全球經濟的一套體制。要是美國的黃金長此以往持續流出，該體制將徹底瓦解。

為此，一九七一年，美國時任總統尼克森，終於宣布美元暫停兌換黃金。這就是尼克森衝擊（Nixon shock）。美元後來就沒有再重新開放兌換黃金了，事實上等於終止了美元與黃金的兌換。

印鈔票就好？美國的鍊金術

雖然美國如上述般停止了美元兌換黃金，但不可思議的是，美元還是照樣扮演全球的基礎貨幣，持續受到大家的使用。為什麼呢？

說白了，就是目前沒有適合的基礎貨幣能夠取代美元。

美元和黃金已經沒辦法再兌換，那有沒有其他強力貨幣允許兌換為黃金？還真的沒有。再者，美國以外其他國家的貨幣，沒有一種可以像美元在全球受到這等信賴。包括英鎊、日圓，或是德國馬克，這些貨幣和美元比起來，信用度都低，也沒有那麼流通。

此外，美國在二戰後曾對全球實施經濟援助，如同前文所介紹的。這部分用的就是美元，因此全球使用美元的機會變多，使得各國在貿易時，以美元付款變成很普通的一件事。

在這種消去法之下，美元得以繼續維持世界基礎貨幣的地位。

這件事也為美國帶來了意想不到的好處。雖然美國不再接受美元與黃金的兌換，但世界各國在貿易付款時，都會使用美元。

美國就算不特別做些什麼，各國都還是不斷買進美元。美國只要用印鈔機印鈔票就好。再怎麼發行美元，都不會再有人拿來換黃金，就沒必要再積存黃金。

另外，就算貿易帳變赤字，美國也不用再擔心黃金會流出了。貿易赤字只要用美元付款就行了。對手國只要能拿到美元，就能在全球貿易中使用，因此也不會拒絕。

於是乎，美國只要加印美元，無論黃金流出啦，或是貿易赤字啦，這些煩惱都可以拋在腦後了。照樣可以盡情購買全球的商品，變成一個夢想國度。

在世界歷史中，過去並沒有這樣的國家。

雖然以前英鎊是全球的基礎貨幣，但那是因為，背後有英國所保有的充足黃金做為信用保證。「只要手上有英鎊，在全球都可以兌換為黃金」——這是當時英鎊得以成為世界基礎貨幣的最大主因。

不過，自尼克森衝擊後，美元明明無法換成黃金，大家卻還是繼續當成世界基礎貨幣使用。

美國就藉著基礎貨幣的魔法，取得了憑空把黃金變出來的「煉金術」。

美元改變了貨幣的歷史

尼克森衝擊之後，美元其實已經改變了貨幣的歷史。

貨幣這種東西，自古以來通常都是和貴金屬之類東西的價值連結在一起。在貨幣發明的時代，貴金屬本身就當成貨幣使用。此外，紙幣登場後也一樣。紙幣等同於「貴金屬的兌換券」，因為具有交換貴金屬的權利，紙幣才得以保持身為貨幣的價值。

史上幾乎沒有出現過完全跟貴金屬沒有連結的紙幣。確實是有紙幣暫停和貴金屬間的兌換，但以「不和貴金屬或資產做兌換」為前提的紙幣，可以使用的範圍就不如一般紙幣廣泛，一向都是如此。

至於紙幣為什麼要經常和貴金屬之類的東西連結在一起？因為紙幣不這麼做的話，沒有人會對它有信心。紙幣這種東西，以物質本身來說，就只是紙片而已，幾乎沒有金錢上的價值。沒有人會認為它是有價值的東西，而價值如果不受到認可，它就不會流通。

正因如此，人類一直以來才會給予紙幣「可以交換貴金屬」這種價值保證。

在尼克森衝擊出現為止，這是全世界的常識。

尼克森衝擊之前，也有很多國家有過中斷貨幣與貴金屬兌換的情形。英國等歐洲國家與日本也是，在二戰前由於欠缺黃金，全都停止了貨幣與黃金間的兌換。

但這只是暫時性的。遲早還是得重新啟動貨幣與黃金的兌換，貨幣的價值才得以維持。

二戰後，絕大多數的國家都無法重啟貨幣與黃金的兌換。不過，透過將美元連結到本國貨幣上，還是維持住了本國貨幣的價值。美元是可以兌換黃金的，決定好本國貨幣與美元間的匯率後，就能間接連結到黃金的價值上。

二戰後的世界金融，正是由上述的體系維持住各國貨幣的價值。

但在尼克森衝擊後，這樣的前提條件失效了。美元不再接受兌換為黃金，各國的貨幣等於失去了與貴金屬的間接連結。各國所使用的貨幣，變成了沒有連結到貴金屬上的「純紙片」。

然而不可思議的是，各國貨幣都繼續正常使用，幾乎無阻礙。雖然或多或少出現一點混亂，卻沒發生「大家都不再使用貨幣，退回到以物易物」的情形。

人們由於一直以來都極為廣泛地使用貨幣，所以即使貨幣少了與貴金屬的連結，也依然持續使用。

美元也一如往常，繼續在國際貿易中扮演付款貨幣的角色。

如前所述，美國曾經大手筆地把本國的資本出借，或是提供給歐洲與亞洲復甦之用，也曾透過馬歇爾計畫等形式，協助西歐各國經濟復甦。

美元已是廣受使用的國際貨幣，於是依照慣例繼續用下去。於是乎，世界的貨幣就朝著新的領域踏出了步伐。

那就是「貨幣能夠在沒有貴金屬保證下發行」這件事。

但這也隱藏了很大的危險。

軍事力量是美元信用的保證

美國雖然中止了美元與黃金的兌換，卻還是能繼續維持美元基礎貨幣的地位，原因之一就在於軍事力量。

美國在二戰後，一直都在介入全球的紛爭，賣弄軍事力量。經濟這種東西，對於戰爭或紛爭很敏感。只要出現一點紛爭，馬上就會大幅影響到物流與物價。

此外，如果一國在戰爭中輸掉，或因為戰爭而蒙受龐大損害，該國的經濟也會深受打擊。還不只該國本身，甚至與之相關的國家，或有貿易往來的國家，都會受到很大的影響。

所以戰爭能力強的國家，大家會比較容易對其貨幣有信心。

如果世界和平，強大的軍事能力或許不會提高一國在國際上的經濟地位。但這世界一直以來，不管是在何種時代，紛亂都從未消失。所以無論何時，戰爭能力強的國家，貨幣很容易贏得大家的青睞。

二戰之後，日本從未發生戰爭，自衛隊也從未在不穩定的地區實施過軍事行動。日本讀者或許會因此有種「世界很和平」的錯覺，但是像日本這樣在二戰後就和平過日子的國家，其實少之又少。

二戰至今從未參與任何戰爭的國家，在聯合國中只有八個。分別是冰島、芬蘭、瑞士、瑞典、挪威、丹麥、不丹，以及日本（視定義的不同，牙買加與奧地利也可以列入）。除此之外的國家，都有參加某些戰爭的記錄。

也就是說，「戰爭很多」是全球對美元有信心的主因之一。

反過來說，為了要讓大家持續對美元有信心，就不能讓世界和平。

在金本位制時代，美國早就破產了

由於現在美元可以不接受兌換為黃金，美國的進口也就可以毫無節制。一直以來，入超（貿易赤字）的國家等於已經有許多錢往國外流，所以必須緊盯黃金存量，並據以限制進口。

但在尼克森衝擊之後，美國即使不斷入超，只要付美元當作貨款就沒問題。由於美元沒有兌換成黃金的問題，美國的黃金永遠不會因此減少。

對美國而言，就像是完全不用再顧慮是否要限制進口。

美國政府原本不樂見進口不斷增加。畢竟入超太嚴重的話，美元的信用能力可能會下滑。一旦如此，就沒辦法再進口更多了。美國出於這種擔憂，姑且還是得緊盯入超這回事。

但美國發現，不管再怎麼入超，美元的信用絲毫沒有變差的跡象。因為沒有出現足以取代美元的強力貨幣，也因為全球也不時出現紛爭，這些因素每每都讓擅於戰爭的美國的貨幣，信用更為增加。

美國的貿易赤字因此越堆越高。

如前所述，現在，美國的對外淨負債已高達十四兆美元。

如果要用黃金來付這十四兆美元，美國持有的黃金會完全用光。或者應該說，就算要用美國持有的黃金來還清這十四兆美元，也只是杯水車薪，能夠償還的金額是少之又少。現在美國持有的黃金約在八千噸，以黃金行情來看，等於只夠償還約三．七％。

美國這筆十四兆美元的對外淨負債，是因為美元不能兌換為黃金，才有辦法欠到這麼多錢。若是在金本位制的時代，美國老早就破產了。

而目前讓美國沒有破產的只有一個因素，那就是「美國是全球的基礎貨幣」。

全世界都陷入了金錢遊戲

一個國家如果沒有貴金屬掛保證也能發行貨幣，就表示可以無限制地發行貨幣。

如果是金本位制等以貴金屬為擔保的貨幣制度，黃金的儲備量會連結到貨幣發行量上。

由於貨幣必須接受兌換為黃金的要求，政府得隨時儲備一定數量的黃金才行。或者應該說，你儲備多少黃金，就只能發行相對額度的貨幣。否則，當黃金兌換的需求增加時，會沒有黃金可以供兌換，造成貨幣系統失靈。

也就是說，若採行金本位制等「貴金屬和貨幣掛勾在一起的制度」，貨幣發行量經常是有限制的。

如果去除掉「貴金屬與貨幣的連結」，貨幣的發行量就變成不受限制了。事實上，這種國家的中央銀行，會變成可以無限制地發行貨幣。

反過來說，如果採取「貴金屬與貨幣相連結的制度」會帶來一項優點，就是能經常限制貨幣的發行。一個國家如果可以毫無限制地發行貨幣，那就會想要大量發行貨幣。因為，這樣會讓別人覺得你的景氣變好了。

但貨幣一旦發行過度，國家會急速陷入金錢遊戲。

事實上，尼克森衝擊後的美國就是如此。

近二、三十年來，全球經濟急遽陷入金錢遊戲中，始作俑者正是美國。

一九八〇年代，時任美國總統雷根，曾經實施過名為雷根經濟學的金融與經濟政策。簡單說，雷根經濟學提倡大規模的貨幣寬鬆：大肆發行貨幣，力求活化經濟。經濟學家傅利曼（Milton Friedman）的「貨幣主義」這種思維，就是雷根經濟學背後的理論靠山。

所謂貨幣主義就是這樣的一套理論，「貨幣供給量（包括硬幣、紙鈔與活期支票存款等）的增加幅度，如果和經濟成長的增加幅度一樣水準，則不會產生通貨膨脹。政府應該盡量增加貨幣的供給量到貼近通貨膨脹，其後的經濟活動則交由市場來決定」。

重點在於，只要增加流通到市場上的錢就能活化經濟。

像這樣的理論，在尼克森衝擊之前是不被接受的。因為尼克森衝擊之前，貨幣發行量與黃金儲備量相連結，沒辦法說增加就增加。美國停止了貨幣與黃金的兌換、變成可以無限制發行貨幣之後，這套理論才開始大受好評。

雷根總統實踐了這套理論，大幅放寬了金融市場的管制。

這使得美國的金融市場呈現活絡狀態，全球的投資金流都往美國集中。股市等經濟指標，一下子就反彈了。

美國的景氣因而回復，雷根總統也受外界稱許，成為重建美國的大功臣。雖然美國總統無法連任三次，但因為雷根很受歡迎，美國還一度研擬是否要准許總統可以連任三次。

美國這次的成功（？），著實影響了全球的經濟政策。

最近幾年日本的經濟政策，也受到貨幣主義很大的影響。小泉內閣的經濟政策，以及安倍政權的安倍經濟學等，也都是仿效這套貨幣主義。

當金融業變成本業

美國嘗到景氣回復的好處，急速成為一個金錢遊戲的國度。

其實，現在的美國就是以金融為主要產業。美國的ＧＤＰ（國內生產毛額）有兩成是由金融機構創造。

兩成這個數字，很不正常。在日本的ＧＤＰ當中，金融部門的占比在百分之四到五左右，以金融大國聞名的英國，占比也只在一成上下。

所謂的金融，是產業的潤滑油，扮演著經濟的輔助角色。一個本該是輔助角色的金融業，在美國卻成了主角。

以產業的均衡來說，這並不是件好事。再者，金融部門對於就業也沒有太大貢獻，不會像製造業等產業大量雇用工作者，只有為數不多的金融工作者領著高薪工作而已。

就是因為這樣，美國才會有那麼多人失業，或是生活過得不好。

過去的美國可不是這個樣子。

如同我多次提到，美國到二戰為止是「世界的工廠」，也是「世界的農場」，是把工業製品與農產品等供應到世界各地的出口大國，而工作者大多都處於全球最優渥的工作環境。

這樣的美國，如今放棄了以出口維生，變成靠金錢遊戲賺錢。

美國能夠憑藉金融立國，是由於美元是基礎貨幣。世界各國都需要美元來為貿易付款，而且在貿易中賺到的錢會以美元留存，做為外匯存底。

美國致力於玩金錢遊戲的對象，就是想要美元而從全球聚集過來的金錢。

現在的美國正是藉此「維持生計」。

美國以金錢遊戲掛帥一事，經常會陷世界於危險，包括一九九〇年代末的亞洲金融危機，二〇〇〇年代的雷曼兄弟風暴，追本溯源起來，都是肇因於美國一直在強力推動金錢遊戲。

美軍保衛的是美元

如同我一再提及，現在的美國經濟已經持續很長一段時間都處於非常不穩定的狀態。美國背負十四兆美元的對外淨負債，是全球第一欠債大國。而且，這種狀態已經持續五十年了。

為什麼美國都不會破產呢？

為什麼欠了一屁股債的美國，可以長久穩居世界經濟中心？

最大的原因在於，美元是世界貿易的基礎貨幣。國際貿易在付款時往往用的都是美元。例如，日本從阿拉伯國家那裡購買石油，一樣使用美元。不光日本與阿拉伯，全球的貿易付款都會用美元。

「美元是基礎貨幣」這件事，堪稱現今美國經濟的生命線。一旦美元失去基礎貨幣的地位，美國經濟大概馬上就完蛋了。所以美國一直以來都拼了命要守護美元基礎貨幣的地位。甚至有時候，也會動用軍事力量。

蘇聯瓦解後，美國成為全球第一大的軍事國家。想當然爾，其他國家對於美國的軍事力量，都會有所忌憚。

美元之所能一直維持基礎貨幣的地位，也是因為這個因素。

例如，全球的石油交易，以美元計價就是大家的默契。據信是因為阿拉伯世界的產油國家與美國簽有某種密約。

也就是說，有這種約定存在：「阿拉伯各國的石油交易悉數以美元計價，交換條件是美國必須擊退所有會威脅到阿拉伯產油國家政權之勢力。」

事實上，多數的阿拉伯產油國都不是民主國家，而是王權國家。但這些阿拉伯的王權國家，從未遭受美國攻擊。美國在攻擊其他國家時，很常會以「對方不民主」當藉口，但阿拉伯產油國家是全球最不民主的，美國卻從未以軍事力量介入。

另外，美元能維持基礎貨幣的地位，還有一個原因是外界購買了美國的國債。很多國家都購買美國國債，於是讓美元得以維持信用。

那麼，是誰買了美國的國債呢？最大的顧客就是日本。日本每次積夠了外匯，就會買美國國債，而且不太會售出。這是為了要避免讓美國不悅。

美國要是被惹得不開心、憤而撤走駐守軍力的話，日本可能會面臨中國或北韓的軍事威脅。所以，日本現在要取悅美國就是了。

總之，美國的「基礎貨幣」以及「世界經濟中心」這兩個地位，可說是超過一半都靠軍事力量才得以維持。

只要有誰威脅到這個地位，美國一向會毫不留情予以痛擊。

美國為什麼打海珊？

關於美國用軍事力量守護美元的基礎貨幣地位，有個更容易理解的例子。那就是第二次波灣戰爭。

美國背負巨額的對外負債，美元卻還是全球基礎貨幣——對這件事有所懷疑的國家，其實也有不少。這些國家過去也有過一些行動，意圖威脅美元的基礎貨幣地位。

其中以歐盟的動作最大。歐元雖然是歐盟的共同貨幣，卻也偷偷懷抱著取代美元成為全球基礎貨幣的野心。美元與歐元其實不斷在較勁。

歐盟導入歐元之前，就開始穩步增加黃金的儲備量，等到歐元正式登場，黃金儲備量已經遠遠凌駕美國。這是在透過保有黃金來提高歐元的信用度。

當然，這也對外宣示了歐盟沒有明講的一句話：「歐元是國際通用的貨幣，大家沒必要用美元那種來自負債大國的貨幣。」美國欠了一屁股債，卻老是掌握住世界經濟的霸權，歐盟各國自然很不是滋味。

而伊拉克當時的總統海珊，就敏感地察覺到這件事。

自一九九一年第一次波灣戰爭以來，伊拉克時任總統的海珊與美國就處於敵對狀態。

以海珊的角度來看，他也想找機會殺美國一個措手不及。於是在二〇〇〇年十一月，海珊把石油交易從原本以美元計價改為歐元計價。如前所述，阿拉伯國家的石油交易，以美元計價已經是不成文的默契。而阿拉伯世界的石油交易以美元結算的慣例，也大大有助於美國鞏固美元身為基礎貨幣的穩定地位。

美國最脆弱纖細的部分，海珊卻動手攻擊。這對美國來說是極大傷害。美國會震怒也是理所當然。美元的基礎貨幣地位，絕對要守住不可。一旦容許伊拉克這麼做，搞不好未來會陸續有其他產油國仿效伊拉克，嫌棄美國的美元太脆弱，而把交易改為歐元計價。

對美國來說，就有了非得打伊拉克不可的必要性。

為此，美國以「私下藏有大規模毀滅性武器」為藉口找碴，發起了第二次波灣戰爭，摺倒了海珊政權。美國在第二次波灣戰爭中弄垮海珊政權後，伊拉克的石油交易馬上又改回美元計價了。

不光只是第二次波灣戰爭，美國有不少次的參戰或是插手紛爭，據信都是為了保衛美元而做。

美國一如既往，為了守護自身「基礎貨幣」與「世界經濟中心」的地位，不惜訴諸軍事力量。

第二章

中國的人權問題，其實是經濟問題

中國為何爭議不斷，又到底打著什麼算盤？
從近代關鍵事件解讀中國經濟的致命傷

鴉片戰爭的恥辱

要探討現今的國際情勢與世界經濟，不可能跳過中國不談。

一九九六年時，中國的外匯存底已經世界第二，僅次於日本。這筆鉅額的外幣，當時是要用於購買美國國債。

中國二〇〇二年成為全球第四大貿易國，〇三年又成為第三大貿易國。現在的中國則是世界第一大貿易國，而且與第二名差距甚遠。

中國的GDP現在已經是全球第二，僅次於美國。

但如果以實質經濟力來說，中國可以說已經超車美國了。所謂的GDP是用來表現一國的經濟規模，但一國的經濟力不應該只看規模，也和質量有關。

以美國為例，由於消費額大，從而推升了GDP，但經常帳長期處於赤字，是全球最大的負債國。相對的，中國的經常帳長期是黑字，對外淨資產全球第三，僅次於日本與德國。

也就是說，美國背負著巨額的欠款，中國則有大筆的出借款。

若是用企業來比喻這兩國，美國就是那種營收第一，但完全不賺錢、一直在累積赤字的企業；中國則是營收第二，但獲利第一、不斷累積黑字的企業。以企業的角度，如果光看數據，要看二者誰賺錢、誰的事業有未來性，那當然會是中國。

在國際的經濟學界裡，也有學者認為，中國在不久的未來，恐怕會變成掌握世界經濟的霸權。無論如何，今後會有一段時間，會繼續上演中國與美國的霸權之爭吧。

要談近年來中國的經濟成長，就不得不回溯到鴉片戰爭。

在日本人的普遍印象中，中國人似乎很吵鬧，臉皮也很厚。很多人都討厭中國人，不光是個別的中國人，連中國這個國家也一樣。他們總是提出態度強硬的主張，彷彿非得要照著他們的意思去做才行。

單看現在的中國，其實無法理解中國人的這種特性。因為中國有過鴉片戰爭的歷史，大大影響了現代中國人的性格。鴉片戰爭在教科書上的解釋，是文明步調較慢的中國，被擁有現代化軍力的英國痛擊得體無完膚，結果被迫忍辱接受「鴉片貿易」的一場戰爭。

但中國在鴉片戰爭前絕不是一個落後國家。從經濟面來說，甚至超越英國。許多經濟學家的試算都一樣，據信中國直到十九世紀前半，GDP在全球不是第一就是第二。順帶一提，當時爭第一的是印度。雖然兩國當時只進行了一定程度的現代化，但因為人口數量龐大，所以GDP高於歐洲各國。

鴉片戰爭前，中國的經濟力量實際上凌駕於英國。掌握世界海上霸權、成功工業革命的英國，自十八世紀起，就積極向亞洲擴展。

英國當時與中國有非官方的貿易，如進口茶。英國人喝紅茶的習慣，即是起源於有人將中國茶葉帶回英國。英國茶葉直到十九世紀後半幾乎都是中國的進口貨。

紅茶在全英國爆炸性地流行起來，於是中國茶葉的進口額變得極為龐大。但相對的，英國幾乎沒有東西出口中國。雖然英國在工業革命後大量生產布製品，但英國製的布，無論是品質還是價格，都難以和中國國內的產品競爭。

因此，英國有大量的銀流往中國。

英國為了因應，才密謀著出口鴉片到中國，先是在印度製造鴉片，接著強迫推銷，並用那些錢來充當買茶葉的貨款，形成了一個「邪惡的三角貿易」。英國在中國的鬧區開設鴉片館，雇用年輕的中國女性接待客人，利用高級酒吧般的型態，讓鴉片在中國逐漸普及。

中國政府見狀，當然震怒不已。清朝政府禁止國內吸食鴉片，也禁止進口鴉片，並在廣東的港口沒收走私的鴉片。

對此，英國於一八四〇年派遣艦隊到鄰近北京的天津，挑起戰爭。英軍連戰皆捷，清廷於一八四二年投降，割讓香港，並開放廣東與上海等五處港口。英國雖然表面上沒有逼迫進口鴉片，但實際上卻讓清廷默許。中國過去從未受過這等屈辱。

而且，在鴉片戰爭之後，中國也紛紛遭到英國以外的列強勒索，國土陷入了被蠶食的狀態。

一八九五年，中國在甲午戰爭慘敗給日本，除了被迫支付巨額的賠償金，還被迫割讓了臺灣等地。其後，清朝政府在辛亥革命中被推翻，中國又持續陷入內戰與對日抗戰，直到一九四九年才總算有一個國家的樣子。從鴉片戰爭算起，中國等於已經亂了一百多年。

中共崛起讓世界跌破眼鏡

讓中國百餘年的混亂得以收斂，重新使中國統一國家的，是由毛澤東率領的共產黨。

這件事跌破了全世界的眼鏡。因為在二戰時，外界一直認為蔣介石的國民黨會在戰後掌握中國的政權。

日本與中國發生武裝衝突後，美國和英國都一直支援蔣介石政權。因為英美認為蔣介石是唯一能夠對抗日本的勢力。

對美國來說，中國當時是個魅力十足的市場。中國那時有五億國民，也擁有傳統與文化。中國雖然政權尚未統一，國內依舊混亂，但只要開始發揮國家的功能，無疑就能成為經濟強大的國家。

當時，美國很想要找到一個市場，可以出口自己大量的農產品與工業製品。畢竟能出口到歐洲的幾乎已經飽和，無法期待出口更多，所以，美國那時需要其他能購買自己產品的國家。

中國再適合不過。

美國當時對中國已經做了不少投資。很多美國企業進軍中國，一九二七年時，可口可樂已開始在上海生產。二次大戰前，美國在中國是投資第四高的國家。

美國非得設法守住中國市場不可。為此，美國提供達十億美元，支援蔣介石政權，因為他們一心認為，不能讓日本在中國市場上為所欲為——不讓日本獨占中國市場，就是他們參與二戰的動機之一。

後來美國迫使日本投降，成功把日本逐出了中國。接著，蔣介石政權以中國代表的身份加入聯合國，中國甚至還獲得了聯合國常任理事國的地位。但蔣介石在戰後卻未能成功建立政權。

貪腐而墮落的國民黨

蔣介石敗北的最大原因在於腐敗。就連支援蔣介石政權的美軍顧問團，也表示「國民黨高層是史上最糟糕，讓軍隊的士氣委靡不振」，直指國民黨政權本身就是敗北的主因。

蔣介石政權從美國那裡拿到高額援助，黨內大老輕輕鬆鬆就發了大財。結果，生活變得優渥的就只有這些政權幹部，根本沒人去處理經濟發展或國力增強等課題。

蔣介石政權的內部，不斷出現一些私吞美國援助、私下變賣以謀取暴利的人。在一九三七到四五年間，中國發生極為嚴重、達百分之兩千的通貨膨脹，但據信主要也是因為蔣介石政權的腐敗與無能。

當然，國民黨越來越招致不滿。

二戰結束時，蔣介石政權控制了相當於中國人口八成的地區。共產黨所支配的地區，不過占人口兩成。

可以合理推測，毛澤東的共產黨軍毫無勝算。此外，蔣介石的國民黨政權也和蘇聯締結了友好同盟條約。蘇聯身為共產黨的老大，支持的不是毛澤東，卻是蔣介石。毛澤東的共產黨軍，是連蘇聯都幾乎未給予支援的單薄勢力。

但在國民黨政權腐敗的影響下，很多國民黨的士兵，都倒戈投靠共產黨。到了一九四九年二月，國民黨的兵力只剩原先的一半，其中很多都叛變，投向共產黨。而美國支援國民黨的武器，超過八成都落入了共產黨之手。

蔣介石的國民黨軍在一九四六年就已落居劣勢。

這一點，連提供支援的美國也感受到了。但美國並沒有再插手。毛澤東逐漸掌握中國政權一事，美國固然痛恨，但想讓蔣介石政權起死回生，光靠武器支援已經沒辦法，需要的是正式的軍事介入。

但這樣一來，可以想見中國人會全面反彈。因為中國人民已經轉為支持毛澤東，美國一旦攻擊，就像是與全中國為敵。

美國一向歌頌「民族自決」，以「民主主義」與「自由」的旗手自居，一路下來和納粹與日本奮戰，但再怎麼說還是不可能走到這種地步。

而且，美國當時還面臨一個比中國還重要的問題。

蘇聯正覬覦擁有大量油田的中東國家伊朗。

蘇聯如果取得阿拉伯世界的大油田，接下來可就嚴重了，所以美國最優先的是把蘇聯趕出伊朗，根本沒有餘力再軍事介入中國。

因此，蔣介石政權流亡臺灣時，美國只是冷眼旁觀而已。

中國剛誕生了共產黨政權，美國政府就表明「不承認共產黨政府為中國政府，不會與共產黨政權建交」。此前，美國和毛澤東幾無接觸，而毛澤東政權會想和美國建立何種關係，外界也不清楚。

但對美國來說，又增加了一個共產主義國家是相當需要警戒的，因此不可能承認中國共產黨政權。於是，美國堅持視逃到臺灣的蔣介石政權，做為代表中國的政權。

對此，中國以沒收美國總領事館做為報復，並且全數接管先前進軍中國的歐美企業的資產。美國這邊則全數凍結了中國人原本在美國持有的資產。

美國之所以會在太平洋和日軍不斷死鬥，又援助蔣介石達十億美元，就是受到中國市場的吸引。然而這個中國市場，隨著共產黨政權的誕生，卻對美國關上了門。

美國犯下的「對中國的軍事介入與經濟支援失敗」這一錯誤，後來又在世界各地上演了好幾次。舉凡越戰、伊拉克革命，到塔利班政權在阿富汗崛起等，全部都是一樣的劇本：美國在當地力挺的政權，因為腐敗失去了國民的支持，最終招致毀滅。美國為了維護自身利益，出手支持會聽美國話的特定人物，提供軍事援助，但這些收取援助之人，多數淨做些貪腐的壞事。

美國自認為是民主守護者，但事實上美國的對外行動，目的都在於確保自身利益，所以類似的歷史不斷重演——美國在世界各地扶植獨裁的腐敗政權，最終以政權垮台收場。

不被國際承認的中共政權

共產黨建立政權後的中國，由於美國不予承認，在國際上也不被承認是一個國家，於是就這樣持續了一段時間。換句話說，中國共產黨在國際上被孤立。

最先打破這種沉悶狀態的，是蘇聯。

中共本來就很不滿蘇聯和蔣介石簽訂友好條約，但這時蘇聯答應把二戰末期從日本搶來的滿洲歸還中國，想藉由大幅對中共讓步，謀求雙方和解。

於是，中國與蘇聯在一九五〇年簽訂了《中蘇友好同盟互助條約》。根據這項條約，中國將收受蘇聯的三億美元借款，於是在這項支援下，開始發展工業化。

美國見狀，在一九五〇年禁止國內對中國出口。中國完全成為共產主義陣營的一員，和西方陣營斷絕了往來。

即便如此，毛澤東的共產黨政權也不是馬上與蘇聯來往熱絡。

如前所述，毛澤東的共產黨政權，和蘇聯之間保持著一定的距離。雖然毛澤東確實接受了蘇聯援助，但蘇聯仍與蔣介石政權締結友好條約。甚至在一九四九年，蘇聯依然派遣大使到國民黨政府。

所以中共政權才會對蘇聯抱持著複雜的情感。

中國與東歐的共產國家，有著截然不同的建立過程。東歐的共產主義各國，多數都是二戰時被蘇聯占領的區域。也就是說，算是蘇聯「靠自己的力量取得的領地」。

但中國並非蘇聯取得的土地，而是中國共產黨獨力奪取的。因此，中國和蘇聯之間，沒有產生像東歐對蘇聯那樣的服從關係。

這對中國的未來而言，算是一種幸運。因為中國在二戰之後走上了和東歐共產國家不同的道路。從一九八〇年代末到九〇年代，東歐的共產國家一個接著一個倒下，中國卻在沒有破壞國家體制之下，實現了急遽的經濟成長。

現在，中國躍升為第二經濟大國，可以說歸功於在建國時和蘇聯保持了安全的距離。

中蘇關係的惡化

後來，中國共產黨政權在重建國家的過程並非一帆風順，反倒是一再遭逢波折。

中國在一九五八年仿效蘇聯的經濟計畫，發動「大躍進計畫」等措施。他們希望透過這種作法，在十五年內追過當時的世界第二經濟大國英國。這是極度不合理而且牽強的目標。在該計畫下，不但為農工業設立了不合理的產量目標，而且只執著提升鋼鐵等部門的數字，反而導致其他產業的效率低落，造成經濟大混亂。

有資料顯示，當時有三千至五千萬人餓死。才短短三年，該計畫就以慘烈的失敗告終。毛澤東辭去國家主席一職，以示負責。

而且，一九五〇年代後半，中國與蘇聯的關係有了裂痕。一九五六年起，蘇聯最高領導人赫魯雪夫展開了與自由主義陣營的和平外交，相對地，對中國則轉為警戒的態度。因為，中國並未像東歐各國一樣對蘇聯言聽計從。

一九五九年，蘇聯突然停止供應原子彈技術給中國。同年，中國因為西藏問題與印度發生武裝衝突，蘇聯卻採取中立。中國原以為蘇聯會提供幫助，但事與願違。中國與蘇聯的關係，因為種種事件而急遽惡化。兩國甚至在六〇年代後還有過武裝衝突。

此外，中國和蘇聯一直有國界上的爭執。關係良好時，固然可以暫時不提，但一旦關係惡化，問題就會浮上檯面。

中國與蘇聯之間劃定現代意義上的國界線，是在一八五八至六〇年間，清朝與俄羅斯帝國（蘇聯的前身）締結北京條約時，才算得上確定了國界線。然而，當時中國才剛在鴉片戰爭中戰敗，沒辦法對俄羅斯帝國講話太大聲。當然，俄羅斯帝國大概也吃定了這一點。也因此，中國對於當時所界定的國界線，一直感覺不公平。

在那之後，俄羅斯帝國發生革命，成立了蘇聯政府。直到二戰結束，日本進軍中蘇的國界線附近，還深入了俄國領土。中國與蘇聯幾乎沒有為此發生過直接衝突。

等到日本戰敗，中國與蘇聯又回到直接對峙了。中國對於在清末騷亂下所訂定的國界線頗為不滿。

中蘇的國界線，有一半是以河川為界，像是黑龍江、烏蘇里江。這些大河中有將近兩千五百座島，絕大多數都被蘇聯占為己有。一般來說，若以河川為國界，河川本身是雙方各有一半。河川裡的島也一樣，基本上該是雙方各半。

中國過去不時會試探蘇聯，「把河裡一半的島交出來」，但蘇聯根本無意照做。惱怒的中國於一九六九年三月猛攻烏蘇里江上的珍寶島。以此為開端，中蘇在整個國界線上發生了一些小規模的激烈爭鬥。

蘇聯與中國都有核武，如果認真交戰，將可能發展為核戰。雙方當然不希望事態演變為人類滅絕，最後是蘇聯放棄了珍寶島，情勢才總算緩和下來。

不過，蘇聯是共產圈裡的老大，也是最有勢力的超級強國。其軍隊與美國匹敵、擁有數萬枚核武，連小孩都聞風喪膽。以美國為首的西方陣營都繃緊著神經，避免與蘇聯直接開戰。

蘇聯強到這種程度，自然不會有國家想對它發動戰爭。但中國卻對蘇聯挑起戰爭，還從對方手中搶到領土，神經之大條，令人嘆為觀止。

中國經濟發展第一步：與西方陣營破冰

由於與蘇聯的關係惡化，中國找到了一條靠近西方陣營的路。中國那時還是發展中國家，若無蘇聯支援將無法走上現代化。然而中國已無法再仰賴蘇聯的幫忙。

因此，中國希望接受西方陣營的援助，特別是美國。另一方面，美國正陷於越戰的泥沼，中國的轉向等於是天賜良機。

美國為此漸漸放寬對中國的經濟制裁。一九六九年，美國鬆綁了前往中國的禁令，撤除非戰略物資運往中國的出口限制，也放寬中國產品的進口限制。

中國（中華人民共和國）這個國家，從建國之初就不被西方陣營承認。西方陣營和臺灣的國民黨政府建交，所以一直以來的態度都是「臺灣的國民黨政府才代表中國政府」，「不承認一個國家有兩個政府」。

即便共產黨政府掌握了中國本土，國民黨政府只統治臺灣，但西方陣營依然把「中華人民共和國」當作不存在。

自然而然，西方陣營當時都沒有和中華人民共和國建交。

但由於中國的轉向，西方陣營也開始摸索著要和中國建交。

一九七二年，首先是日本與中國建交。

同一年，美國總統尼克森訪問中國，做好建交的準備。一九七九年，美國終於和中國建交，而中國也差不多時間推出改革開放政策。

美國解凍了國內八〇五〇萬美元的中國人資產，另外也請求中國歸還約一億九六八〇萬美元的美國人在中資產。後來，中國歸還了其中約八〇五〇萬美元。雙方歸還對方相同的金額，戰前的你欠我我欠你，也都一筆勾銷。

美國原本在中國持有的資產，比中國在美國境內持有的資產要多（約兩倍），所以等於是美國吃虧。雖然吃了大虧，但對美國來說，和中國建交的意義還是很大。

畢竟，這一步讓共產主義陣營少了好大一塊。再過十年，蘇聯與東歐的共產主義陣營就會垮掉，而中國的脫離可說是背後的一大原因。

中國和美國建交後，經濟開始快速發展，也使得東方集團國家（歐洲的前社會主義國家）的經濟停滯更為突顯。

日本讓中國首度登上國際舞台

在中國的改革開放政策，以及與西方陣營間的經濟交流中，日本扮演了很重要的角色。

如前所述，日本比美國還早一步，在一九七二年與中國建交。

日本與中國當時有幾個棘手的問題，其中最大的就是賠償問題。日本與中國的戰後賠償，如果根據日本和臺灣國民黨政府的《中華民國與日本國間和平條約》，應該已經確定「中國方面放棄請求賠償」才是。

但在中國大陸建立政權的中共政府很反彈，仍主張賠償請求權。不過，在一九七二年中日外交正常化時，中國放棄了賠償請求權。取而代之的是，「日本提供經濟支援給中國」的不成文默契。

日本的經濟支援大力協助中國走向現代化，也是中國的改革開放政策成功的主因之一。

此外，日本對於中國之後的改革開放政策，也扮演了引水人的角色。日本與中國恢復邦交後，馬上就開始經濟上的合作。中國雖然沉睡著，但幅員遼闊、具有豐沛資源，始終強力吸引著日本的經濟界。一九七八年，日本企業參與了上海寶山製鐵所的工廠建設。

但當時的中國幾乎沒有經濟力，財政規模也很小。

中國展開改革開放路線的一九七八年，預想的主要出口品是石油、煤炭等能源資源，因為只有這些可以出口。雖然現今中國已成為大量能源的進口國，但當時中國工業化的速度比歐美國家慢不少，能夠拿出來賣的東西，也只有能源資源了。

而且，能源資源也不是說要賣就能賣。中國才剛開始開發能源資源，像是運輸鐵路與港灣設施都還沒有整頓得很完備。

此外，一九七二年中日恢復邦交到一九八〇年為止，雙方的貿易額雖然增為八倍，細看內容卻是中國的巨額貿易赤字，中對日的貿易赤字達到了七一．五七億美元。不只是對日本，中國和歐美的貿易也累積了一些赤字，一九七八到八〇年的三年內，就累積了四四．四三億美元的赤字。

因為才剛剛改革開放的中國，主要的出口品是農產品，附加價值很低。

中國也自知產業發展晚於別人，所以在一九七六年發動了國民經濟發展十年計畫，預計要興建十個大型石油基地、十個大型鋼鐵基地，以及九個工業基地。

不過，要想實施這個計畫，勢必得從歐美引進大量的技術與廠房。如前所述，中國在改革開放之後，貿易赤字急遽膨脹，外匯存底大減。一九七九年時，中國尚有八．四億美元的外匯存底，隔年一九八〇年，就變成了負一二．九六億美元。

也就是說，中國處在「想整頓工業發展所需的設施，卻因為沒錢而無法實行」的狀態。

日本看不下去，於是主動問中國，要不要接受日本政府的日圓貸款，以及經濟與技術方面的協助。

中國一向抗拒向資本主義國家借錢，或是接受技術支援。此前，中共都對於「國家財政不仰賴借錢」而自豪。歐美的現代國家，並不會排斥透過在國內外舉債來維持國家運作。不過，這有時會引發財政危機，或是引來他國的經濟侵略。因此中共一向不碰「舉債財政」這種現代國家的弊病。

以往中國對於日本願意借錢這件事有自己的考量，但當時的中共領導人鄧小平做出決斷，要接受日圓貸款。

於是從一九七九年起，日本正式開始提供中國日圓貸款，以及經濟與技術上的支援。當年，日本對中國「建設石臼所港」、「擴建北京至秦皇島的鐵路」等六項計畫，提供了六六〇億圓的貸款。

這是日本提供中國大量支援的開端。戰後，給中國最大援助的一直是日本。另外，日方也決定要無償在中國建設現代醫院。一九八四年在北京開院的中日友好醫院就是成果。院內有最新的設備，建築面積十八萬平方公尺，病床數一千五百床，是一家大型醫院，比日本的慶應義塾大學醫院還大。到現在，這家中日友好醫院依然是中國醫療的中樞機構。

日本還讓中國免於被國際孤立

中國與西方陣營恢復外交後，經濟固然開始快速增長，但一九八九年，突然就爆發了一個龐大的阻礙。當年發生了天安門事件。

所謂的天安門事件，就是中國政府派軍隊強制驅離一群占據北京的天安門廣場、要求民主化的學生。目前尚未公布事件的細節，但據說有數千人犧牲。

中國與西方陣營恢復邦交後，送出了大量的西方留學生。日本也一樣，從那時接收了許多中國留學生。這些留學生在歐美與日本呼吸到自由的空氣，自然會感覺母國不自由。另外，中國人就算不想知道，但在跟外國的交易過程中，總是會接收一些西方陣營的資訊，很多人都不小心得知「中國是不民主的國家」。

把這種不滿具體表現出來的，就是天安門事件。中國當局一開始只是靜靜觀察，但發現學生運動很熱烈。中國恐難招架驟然的民主化，所以決定武力鎮壓。

天安門事件後，西方陣營一起向中國政府抗議，喊著要制裁中國。

不過，日本對於中國的抗議，以及採取的制裁措施，都是控制在最小程度。「請停止會遭致更多國際抨擊、侵害人權的行為」、「日本對中國的改革開放政策提供協助的方向不會改變」——日本只對中國傳達了這些訊息，然後部分縮小了經濟支援的規模而已。

各國固然是擔心中國被國際孤立後，又會回到共產主義陣營，但日本也有自己的考量。當時，日本已有很多企業進軍中國，並投資了龐大金額。中國的對外負債，有超過一半都是對日本的。如果斷絕與中國的經濟交流，日本也會受重傷。

無論如何，由於日本當時的因應，中國也免於受到國際孤立。

中國經濟奇蹟的背後策略

中國初次登上國際舞台，彷彿看準東西冷戰終結的時機，開始急速成長。中國與西方陣營的外交正常化之後，經濟實力突飛猛進，至今在世界經濟上占據舉足輕重的地位。

共產主義國家一個接著一個垮掉的歷程中，為何同樣是共產國家的中國，能創造出超越資本主義國家的急速發展呢？

說起來，中國至今推動的經濟政策，都是採用資本主義與共產主義兩方的優點。中國某些方面採自由主義，人民可以自由經商，也開放外國做生意，讓經濟發展。當市場經濟出現了問題，這時政府又可以發揮共產主義的力量，強勢指導與修正。

自由主義國家不太能夠這麼做。中央政府原則上不會去干預商業或經濟，就算出了問題，也沒辦法強勢指導與修正。

中國的手法看在自由主義國家的眼裡，像是上一個時代的產物。姑且不論手法的好壞，中國的急速發展，靠的就是這種會讓人以為是上一個時代的手法：「視實際需求靈活運用，可能選擇國家主導，也可能選擇訴諸市場機制」。

中國的改革開放政策不只是開放與外國交易那麼簡單，其實更為巧妙。一九七九年，中國在改革開放的同時，於深圳、珠海、汕頭與廈門設置了經濟特區。在經濟特區裡，特許外國企業進駐，並享有減稅優惠等。

中國是共產主義國家，所有企業不是國有就是準國有。有這種原則在，基本是無法開放外國企業進駐。

不過，因為設立了經濟特區，特區內可以跟自由主義國家一樣，外國企業可以順利進駐。而且在特區內還有稅金優惠，基礎設置也很完備，可以積極向外國企業招商。

深圳、珠海、汕頭與廈門都是沿海地區，很靠近香港、澳門、臺灣等地。設置經濟特區，也是希望吸引香港、澳門與臺灣的企業或熱錢來投資。

中國一向不對外開放市場，如果突然全開放，國家經濟將會陷入大混亂。而且，中國也經歷過十九世紀歐美各國的經濟侵略。所以先從局部實施起，再慢慢開放下去。中國的這種政策，可說是正中紅心。

許多外資與企業受到吸引前來經濟特區，並扮演起牽引中國經濟的角色。其後，中國逐步擴大經濟特區。

到一九八六年為止，又新設了大連、秦皇島、天津、煙台、青島、連雲港、南通、上海、寧波、溫州、福州、廣州、湛江、北海等十四個都市，做為指定的「經濟技術開發區」。經濟技術開發區，指的是自由度比經濟特區還要高的地區。當然，對於外國企業也同樣給予稅制優惠等措施。

八〇年代設置的這些「經濟技術開發區」，一口氣加快了外國企業進軍中國的速度。

中共巧妙利用了資本主義

中國的經濟成長方法，和歐美或日本的經濟成長方法頗為不同。

簡單地說，中國採用的手法是「吸引外資，讓外國人來幫忙蓋工廠、發展產業」。英國、美國、德國與日本等發展早於中國的工業國家，都是藉由本國企業的壯大，促使國家經濟發展。雖然在初期階段也不是沒有接受外國的援助，但在真正要建立國力的階段，原動力都是來自本國企業。

例如，日本在明治初期雖然仰賴外國的支援，也有部分外國企業進入。但馬上就有紡織公司之類的企業在國內壯大，帶領日本加入工業國家之林。

英國、美國、德國等國也一樣，經濟成長一向是和本國企業的成長成正比。但中國的情形就和這些國家有極大差異。

中國的經濟發展，是由其他國家的企業擔任主角。其他國家的先進企業紛紛進入中國，建設工廠。在當地生產的產品，再出口到該企業的母國或其他外國市場。中國只提供場地與人才。

圖表1：中國的進出口當中外資企業的占比

（%）

	出口	進口
1985年	1.1	4.9
1989年（天安門事件）	9.4	14.9
1990年	12.6	23.1
1995年	31.5	47.7
2000年	47.9	52.1
2005年	58.3	58.7
2010年	54.6	52.9

《美中經濟與世界變動》（米中経済と世界変動），大森拓磨著，岩波書店出版

此外，人事成本以及各種經費，都是由外國企業來出。外國企業的技術與知識，以及先進的設備等等，都會不斷帶往中國。

這種「由外國企業來主導經濟」的作法，使中國的經濟急速發展。受到資本主義最多好處的就是中國。

亞投行的威脅

國際經濟中，近年來備受矚目的事件，其中之一就是亞投行（亞洲基礎設施投資銀行）的出現。

亞投行匯集了一千億美元的資本，目的是

在亞洲各地投資開發。外界稱亞投行為中國版的馬歇爾計畫。外界認為，亞投行尤其著重把過去絲路通過的區域列為開發重點，聚集的資本有三成左右是中國負擔，這個比例當然是出資國中最多的。

換句話說，亞投行的宗旨是「由中國出錢用於開發投資」。看在其他國家眼裡，會覺得這是一個機會，可以便宜借到中國的錢來開發。只要沒有發生什麼大事，不會有損失。所以，全球許多國家都紛紛參加。

英國最早表明要參加，德國與法國等西歐國家，也都一個個加盟了亞投行。和美國關係深厚的韓國與澳洲，也都參加了。

截至二〇二一年，有一百多國加盟亞投行，已超過由日本主導與營運的亞開行（亞洲開發銀行）的參加國數。

日本與美國，目前並未參加亞投行。但在亞洲地區，日本與美國至今都不斷支援基礎設施投資。

與亞投行的宗旨相同的亞開行，成立在半世紀前的一九六六年。以出資比率看來，日本與美國各占一五．七％，都是頭號股東。日本擁有最大的發言權，可說亞開行是日本主導的機構。

亞開行至今對亞洲基礎設施的投資帶來相當的貢獻，這很讓他們自豪；再說，亞開行營運已久，日本與美國也不會想再去參加以中國為中心的亞投行。相對的，中國應該也是想打造一個非日本主導，而是自己主導的亞洲開發銀行。

亞投行是根據出資比率決定投票權，中國的投票權在二六％左右。由於亞投行的重大決策需要七五％以上支持票才能通過，中國只要行使二六％的投票權反對就無法通過。換句話說，中國擁有否決權。

日本媒體多半很反感中國有亞投行的否決權，說什麼亞投行對中國言聽計從之類的。但其實，這種設計只是仿效國際貨幣基金組織而已。

國際貨幣基金組織在議案投票時，需要超過八五％的贊成票，而美國是加盟國中唯一出資超過一五％的，擁有一五％以上的投票權。所以只要美國反對，案子就絕對過不了。意思就是美國擁有否決權。

而對其他國家來說，日本和美國的面子似乎不是重點。亞投行的加盟國急速增加。

二〇一六年八月，加拿大表明要參加亞投行。加拿大一直是和美國關係最緊密的國家。針對「對美國人來說，最值得信賴的外國是哪一國？」這個問題的民調結果顯示，加拿大不是第一名，就是第二名。

然而，加拿大竟然加入了與美國對立的亞投行。

加拿大政府對此聲稱，他們和美國政府有溝通，且美國政府並未反對。如果這是真的，美國或許也會閃電加入亞投行。這樣一來，日本就被獨自拋下了。

打壓新疆與西藏是為了經濟？

如前所述，外界認為中國將是今後世界最有經濟實力的國家。但中國也有弱點，而且是很嚴重的弱點。

中國現在受到先進國家們的大力批判，因為中國侵害西藏與新疆維吾爾自治區的

圖表2：中國的自治區

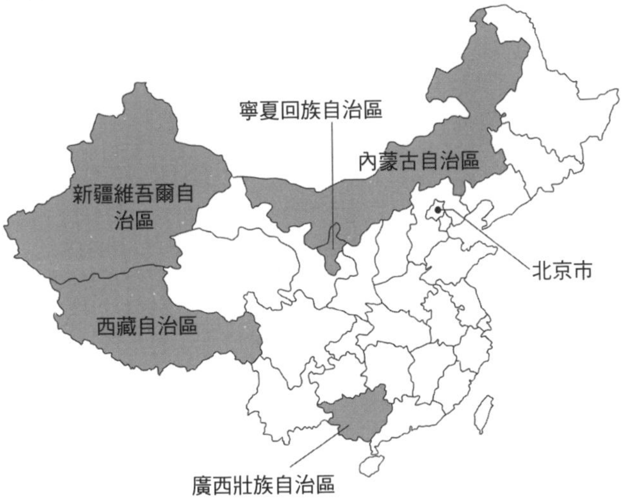

人權。

這些中國的人權問題，其實也是經濟問題。會這麼說，是因為中國基於「經濟因素」，變得非得竭盡全力打壓西藏與維吾爾的獨立運動。

中國現在是世界人口最多的國家，[1]也是國土面積全球第四大的大國，卻有著出人意料的弱點。

請看看圖表2的中國地圖。大部分讀者一定會發現似乎有哪裡不對勁。

中國的上（北）方部分幾乎都是自治區。除自治區外的中國本土面

1 譯注：在本書付梓後，根據聯合國統計，印度已於二〇二三年四月超越中國，成為人口最多的國家。

積，頗為狹小。中國現在有五個省是自治區，在縣的層級，也有很多自治區。

自治區整體的面積，其實占了全中國領土的六成五。

中國有五十六個民族（若真要細分可達數千民族），而自治區住有少數民族。中國人口約有九成二是漢族，其他民族只有八%左右。也就是說，這八%的少數民族，占了中國國土的六成五。

舉例來說，近年使中國因侵害人權而受全球抨擊的新疆維吾爾自治區，約占了中國面積的六分之一。維吾爾族自九〇年代初期，就發動獨立運動，一九九七年獨立派的伊斯蘭教徒與漢族發生衝突，造成逾十人死亡。現在依然有激烈的獨立運動發生。

中國對於這些獨立運動激烈的自治區，一向是強力鎮壓。畢竟，如果任何一個自治區獨立成功，一定會波及其他自治區，而只要所有自治區都獨立，中國將失去三分之二的國土。

這樣一來，十二億的漢族人口只能仰賴目前三分之一的領土。對於擔心資源不足的中國來說，這是非常嚴重的事情。

中國的維吾爾與藏族的人權問題，並非政治理念或宗教思想的問題，追根究底，其實是利益的問題。

臺灣問題是中國經濟的致命傷

除了國內的人權問題，中國還面臨臺灣問題。

臺灣是過去國共兩黨相爭下，國民黨敗北後逃往的地方。中國本土由共產黨掌握，建立了「中華人民共和國」，臺灣則由國民黨政權持續統治。這種狀態維持了七十多年。

世界上應該會有很多人覺得：「臺灣和中國已經有七十年都由不同政府統治了，那分離開來不就好了？」但中國依舊固執地主張臺灣屬於中國，也一直展現出「臺灣若強行獨立，將不惜一戰」的態度。

臺灣問題，背景和西藏或維吾爾問題是一樣的。但除此之外，還有經濟因素摻雜其中。

其實，中國固然是國土面積全球第四大的國家，但專屬經濟海域卻是意外地狹小。

中國的專屬經濟海域在世界排名第十，只有二二九萬平方公尺。日本在世界排名第八，擁有中國近兩倍的專屬經濟海域。專屬經濟海域，即該國在海洋上擁有權利的水域。其他國家的船隻或航空器可被允許通過，但無法進行漁業捕撈或採掘資源等行為。

近年來因海洋開發技術進步，各國都漸漸發現，沉睡在海洋裡的資源比陸地上多得多。因此，專屬經濟海域的大小，就等同資源埋藏量的多寡。

中國在東亞占有廣大地區，是「陸上大國」，但近海的日本、菲律賓與臺灣，剛好擋住了中國前往海洋的道路。再者，中國的南端與東端分別是中南半島與朝鮮半島，變成要和韓國與越南等國共同分享海洋。

換句話說，中國所在的位置，只要面向海洋就會撞上多個不同國家，所以專屬經濟海域與國土面積相比，算是極為狹小。

中國很希望能夠再多增加一些專屬經濟海域。

為此，中國先後入侵了日本、菲律賓以及越南等國的海域，種下了紛爭的種子。釣魚臺列嶼的問題完全關乎海洋資源。所謂釣魚臺列嶼，是沖繩西方約四百公里的八個小島，在二戰結束之前都是受到國際認可的日本領土。

但一九六九年，聯合國的海洋調查發現，釣魚臺列嶼的近海可能有豐沃的油田。這項結果一發表，中國就開始主張釣魚臺列嶼的主權。

此外，日本在二戰後放棄了領土權的南沙群島也一樣。南沙群島周邊海域，據信藏有豐富的石油與天然資源。根據中國調查，那蘊藏相當於兩千億桶的石油，可匹敵沙烏地阿拉伯。中國、菲律賓、越南與馬來西亞現都主張有南沙群島的領土權。

中國對於其他國家的領土，都已經展現搶奪的意圖，因此絕不可能放過臺灣。

不過，把臺灣建設成現在這個樣子的國民黨政府，早在二戰前就一直接受美國與英國等同盟國的支援，到現在都還有穩固的聯繫。對於英國與美國來說，由於牽扯到面子問題，所以應該不會像香港那樣，讓中國輕易就把臺灣吃掉吧。今後的世界情勢，臺灣問題可能也會成為一大導火線。

第三章

歐洲能否奪回世界經濟中心寶座？

談世界經濟，絕不能忽略歐洲各國的影響力。
美國最強勁對手歐盟，是否可能再創奇蹟？

歐盟這個巨大實驗

工業革命之後，世界經濟就以歐洲為中心轉動。但歐洲在兩次世界大戰中都是主戰場，使其相對地位大幅降低。到了二十世紀後半，世界經濟的主角寶座已經被美國搶走。

但歐洲各國並不想呆站著當個旁觀者。過去支配世界的歐洲各國，現今在全球經濟中依舊非常重要，其中最有存在感的就是歐盟（歐洲聯盟）。

歐盟誕生於一九九三年，目前共有歐洲二十七國參加，包括德國、法國，以及義大利等。

歐盟是很宏大的嘗試，甚至可以形容為人類史上的一場「巨大實驗」。談到歐盟，最顯著的就是貨幣整合，但歐盟推動的並非只有貨幣整合，還有為數眾多的劃時代措施。歐盟來勢洶洶，讓人感覺似乎照這樣下去，歐洲可能真的不再有國界，最終整合成一個國家。

只要歐洲各國整合為一個國家，無疑將會成為世界經濟的巨人。

目前實施的歐盟主要政策，如下所列：

共通貨幣歐元

在成員國內部，都使用歐元做為共通貨幣。因此各國在歐盟裡，無需再承擔匯率變動的風險，而當其中一國遭逢經濟危機時，發生貨幣危機的可能性也會變低。

成員國之間的旅行與遷徙自由

只要是在歐盟範圍內，成員國的國民想去哪都可以，想住哪也可以。此外，非歐盟的旅行者只要通過歐盟任何一國的入境審查，在歐盟國家移動時就可以不用再次查驗。

歐盟內的市場自由化

歐盟內部沒有關稅的問題，就像是一個國家的內部，商品可以流通。因此歐盟內部的任何人，都能同樣買到便宜的好商品。

勞工的移動自由

歐盟成員國的國民，在歐盟的任何地方都能工作。勞動力不足的國家，可以接受失業者較多的國家的勞動力，而勞工若是失業，也可以自行前往其他歐盟國家謀職。

成員國國民的人權保障與享受福利

歐盟成員國的國民，只要身在歐盟國家，都會享有最低限度的基本人權保障。此外，無論搬到哪一國住，都能享有與該國國民同樣的福利。

看到這裡，相信讀者有感覺到，歐盟幾乎可以說是一個國家了。

只要人與物的進出變得自由，就等於是無國界。這簡直就是個劃時代的體制。

歐盟如果真的變成一個國家，將會擁有匹敵美國的經濟規模，成為一個超級經濟大國。到時候，歐盟無疑會威脅到美國的經濟霸權地位。

德法水火不容，為何能攜手合作？

歐盟的推動，至今一直都是以法國與德國為中心。這可以說是歐盟能成功的主因。從法國和德國過去的關係來看，兩國能攜手合作，還推動有如兩國融合的政策，簡直是奇蹟。

現代歐洲經常遭逢大型戰爭，法國與德國的惡劣關係往往是其中一個原因。法國與德國，自十八世紀形成目前大致的國家樣貌之後，就發生過多次戰爭。光是列出比較重要的戰爭，就有拿破崙戰爭、普法戰爭、一戰、二戰等等。若把小型戰爭也算進來，那可以算是交戰過無數次了。法國與德國無論是國土面積與人口數量，都在伯仲之間。

而且，法國的天主教徒很多，德國則是新教徒很多，兩國在宗教上也有差異，在其他方面一向都是對立狀態。

法國與德國有上述的衝突，現在卻能整合在一起共同創建一個組織，可說是非常劃時代的。

為何法國與德國會合作？

因為受到二戰之後的複雜世界經濟情勢所影響。

最先提出合作構想的，是法國時任外交部長舒曼（Robert Schuman）。二戰後不久，英國前首相邱吉爾，曾經豪氣地提倡歐洲共同體的構想。但這依然是「未來構想」的範疇，就連英國本身也沒有展現出決心，要狠狠斬斷與大英國協乃至於美國的關係，然後和歐洲結為一體。最後，英國的提議就胎死腹中了。

法國的外交部長舒曼，只是很實際地把歐洲共同體的構想講出來，而且是不把英國算在內的版本。

當時，法國因為在國際社會地位變得低落而正苦惱著。

談到法國，許多人對它的普遍印象是優雅而時尚的國度。但法國過去和英國一樣，都是帝國主義勢力的要角，也是全球殖民地第二多（僅次於英國）的殘暴帝國主義國家。

當然，法國也是一個經濟大國。法國在十八到十九世紀，都是國際上實力堅強的國家。在美國對英國挑起獨立戰爭時，就是法國支援了美國。當時能抗衡英國的大概也只有法國了。

在美國廣受歡迎的威士忌當中，有一種叫做「波本威士忌」（Bourbon Whiskey）。波本威士忌是為了感謝獨立戰爭時法國的支援，才以法國波旁王朝（Maison de Bourbon）為名。

身為大國，法國有比他國多數倍的驕傲。但在二戰後，法國的傲氣已經被傷得很慘。如果沒有美國援助，法國根本無法重建國家。對自傲的法國來說，仰賴他國的經濟支援等同於屈辱。

此外，在東方陣營那邊，崛起的蘇聯已經把整個東歐納為勢力範圍。這樣一來，法國與西歐的地位只會不斷下滑。

法國為此才會和仇敵德國攜手合作。

德國在西歐的工業實力遙遙領先，但法國也不差，雖然說有些疲態，但在世界經濟上還是有一定的影響力。

德國與法國聯手的話，或許可以建立一個足以抗衡美國或蘇聯的新勢力。

德國的怨恨之心

對德國來說，他們也有十二萬分的動機與法國組成共同體。

德國在二戰後嘗到的屈辱比法國還多。由於是戰敗國，這也是理所當然的。

一九四五年初，德國投降已成定局，英美蘇三國針對占領德國一事進行協議，即雅爾達會議。根據該次會談，確定德國戰後將由英美法蘇四國分割占領。

但二戰結束時，蘇聯與其他同盟國成員的關係變得很詭異，原先要由英美蘇法占領的德國，也受到此事餘波的影響——蘇聯占領的地區變成東德，英美法占領的地區則變成西德。

這樣就夠屈辱了，而且德國首都柏林還成了飛地。[1]在雅爾達會議中，德國首都柏林規畫由英美法蘇四國分割占領。柏林雖然位於東德，但英美法仍駐留其中，因此英美法在柏林的占領地區，就孤立在東德境內。

柏林變成飛地的這件事，引發了種種混亂。

對東德與蘇聯來說，本國領地內有一個英美法的占領區，實在很沒趣。於是，東德與蘇聯封鎖了柏林的英美法占領區，試圖把英美法給趕走。而且為了防止物資流通，還實行「從西德進入柏林的車廂與貨車，都要接受檢查」這種作法（一九四八至四九年）。

然而，英美法撤離柏林的話又會很沒面子。

西柏林住著很多西德的市民，如果捨棄他們，將會遭到全世界的譴責。因此，英美法就用飛機空投物資、提供救援給西柏林。英美法後來都沒有放棄這個區域。

1 譯注：整個西柏林都在東德境內，對西德來說是個不相接的孤島，稱之為飛地。

柏林到此時還沒有圍牆，市民可以自由來去東西柏林，但隨著東歐與西歐的冷戰白熱化，連來往東西柏林也不行了。因為，柏林成了從東方陣營逃往西方陣營的絕佳管道。

西柏林位於東德，卻由西方陣營管理。東德的人們若想逃往西德，只要到西柏林就可以了。從一九四九到六〇年為止，有高達兩百五十萬名東德居民亡命到西德，竟相當於東德四分之一的人口。

對東德而言，這當然事關存亡。再放任下去，東德的人會全部跑光光。因此在一九六一年八月，他們用圍牆把西柏林擋在外面，讓東德人無法再逃去。

這就是著名的「柏林圍牆」。

柏林圍牆落成之後，每年從東德逃往西德的人掉到原本的一成以下。

不過，原本好好的都市被一分為二，背後的問題依舊十分嚴重。

家人與親戚從此分隔東西的故事，講也講不完。柏林圍牆既是東西冷戰的象徵，也是二戰後德國人痛苦的象徵。

看似不可能的西德復甦

如前所述，西德由於戰敗嘗到了許多苦頭，卻也是歐洲最早從二戰的沉重打擊中重新站起的國家。

西德的工業生產，一九四九年就回復到戰前一九三六年的水準。戰爭結束之後才花了短短四年。

日本的工業生產，要到一九五五年才回復到戰前水準，已經戰後過了十年。雖然外界也認為日本的戰後復甦是奇蹟，但西德只花了不到日本一半的時間就復甦了。

其後，西德的經濟急速成長。一九五〇到五八年間，國民所得成長為二・二倍，名目GNP成長為二・二倍，實質GNP則是一・八倍，工業生產翻為兩倍，出口為四・四倍。

日本的所得倍增計畫是在一九六一年開始，西德等於提早十年就實現所得倍增了。一九五九年時，德國的GDP超越法國，一九六〇年又超越英國，躍升為世界第二（第一名當然是美國）。

為何西德的經濟可以急遽復甦，創下這般經濟成長？

大家常提到的原因包括，「美國給了高額援助」、「西德沒有花什麼軍費，所以可以發展經濟」等等。

不過，這些基本上都是錯的。

美國的援助其實沒有那麼多。美國確實依照馬歇爾計畫提供援助，協助戰後的歐洲復甦，但對於戰敗國德國，馬歇爾計畫所設定的額度是很低的。

若以國民人均來換算，英國是六二・九美元，法國是六四・五美元，西德相較之下只有不到一半，即二八・三美元。根據同盟國的占領方針，德國的產業復甦是在「滿足德國國民需求」的範圍內，而且是「低於同盟國的生活水準」。

此外，德國國內的工業資產等物品也被拿去充當賠償。事實上，蘇聯就從占領地區大量搬走作業設備。

還有，同盟國占領期間的占領費用也由西德負擔。這筆錢簡直貴得不像話。占領費加上防衛費，占了西德一九四九年歲出的兩成、一九五〇年歲出的四一％。整個五〇年代，占領與防衛費占了總歲出的兩成到四成。以ＧＤＰ占比來算大概是五％，已經高於其他歐洲國家的軍費了。光是占領費的部分，就已經超過美國（馬歇爾計畫）的援助金額。

也就是說，西德並未從美國那裡拿到太多支援，軍費也一點都不便宜。

德國的潛力從哪裡來？

那麼，西德急速復甦的主要原因是什麼？那是因為，德國原本就很有潛力。

德國到二戰前為止，是僅於美國的世界第二大工業國。在二戰中，只花了一個月就攻破法國，還把英國與蘇聯逼得幾乎要投降。英國和蘇聯若無法國助陣，或許都會敗給德國。

德國單憑自身，就差點讓英法蘇這歐洲三強俯首稱臣，所以工業實力自然不在話下，至少是歐洲出類拔萃的。

此外，德國的工業設備沒有受到太多戰災的影響。根據同盟軍的調查，德國的產業整體因戰爭的損害，約莫是兩成。雖然全境都遭受激烈空襲，蘇聯和英美的軍隊還打到首都，但德國產業的受損少得驚人。空襲造成比較多人員傷亡，但幾乎沒有影響產業。就是這麼回事。

因此二次大戰之後，德國很快就找回了工業大國的地位。

說起來，德國的工業當初為什麼發展得那麼好？

德國很晚才成為歐洲強國。德意志直到十九世紀後半還分成多個邦國。普魯士帝國在普法戰爭中擊敗法國，確立了在德意志的核心地位後，才總算在一八七一年統一德意志帝國。

後來，一八八八年即位的德皇威廉二世，積極推動了德意志帝國的工業化。在帝國主義無遠弗屆的背景下，德國若沒有推動工業化，很可能被其他國家吞併。

他們首先致力於教育，建立了完備的基礎教育與高等教育體系。德意志的高水準大學，當時教育出許多獲頒諾貝爾獎的學生。

德意志在地理方面也適合發展工業。萊茵河的水路，以及俾斯麥時代建造的鐵路網，緊密連結了工廠與工廠。魯爾工業區的焦爐中生產的便宜焦油，內卡河谷出產的鹽，在普魯士與亞爾薩斯的鉀礦石，魯爾區的煤炭，阿爾卑斯山的豐沛水量帶來的水力發電等，都是滿足工業發展的重要因素。

此後的德國，就和美國一起帶領著世界工業生產逐步前行。在一八七〇年，德意志已經占全球工業生產的一三%。順帶一提，當時英國的占比是三二%。

情勢在一九一〇年逆轉，德國占比為一六%，英國占比為一五%。至於法國，不過六%而已。

德國在二十世紀初的時候，已經成為歐洲大陸最大的工業國。

但德國的成功，卻招來西方其他國家的嫉妒。

德國兩次大戰都戰敗，而且兩次的對手都是英美法三國。德國兩度對戰英美法並非巧合。德國工業由於急速發展，幾乎快打破歐美之間的權力平衡。所以兩次大戰都一樣，歐美對德國的恐懼成了戰爭的一大原因。

也就是說，兩次的世界大戰，也可以說是「英美法聯手攻擊德國」的戰爭。

一戰後，英法兩國為了不讓德國有機會復興，用和談條件徹底打壓德國。德國殖民地全被瓜分，人口減少了一〇％，也失去了領土的一三．三％、農耕地的一五％，以及鐵礦礦床的七五％。結果德國的鋼鐵產量掉到一戰前的三七．五％。德軍也形同解體，更離譜的是賠償金約為三三〇億美元，相當於德國十幾年份的稅收。

德國也因此發生超級通貨膨脹，產業經濟處於瀕死狀態。

但德國後來還是經濟復活，在希特勒政權下重整軍備，一眨眼就變成歐洲最大的軍事國家。而且維持了高度的科學技術，像是領先世界各國之前開發噴射機與機器人等等。

在二戰中，英美法蘇四國聯手才好不容易擊敗德國。德國雖然二度吃了大敗仗，但一路走來都是不折不扣的工業國家。從英美法三國的角度看來，會覺得「德國明明兩度被我們擊敗，現在竟然又給我活了過來」。

美國百般阻撓，促使德法合作

西德經濟急速成長，最感擔憂的就是美國。只要西德幫忙衝高歐洲工業產品的市占率，美國的市占率必然會隨之縮小。

就這樣，西德繼續累積貿易黑字，保留了鉅額的外匯存底（主要為美元）。美國為了不讓西德將持有的大量美元兌換成黃金，簡直用盡了各種方法。

如前所述，在二戰之後的世界經濟中，美元是唯一可兌換黃金的貨幣，這讓美元成了國際貿易的基礎貨幣。只要向美國提出要求，美國就必須接受把美元換成黃金。唯有美國可以實現這個義務，所以外界才視美元為世界的基礎貨幣。

西德自然會想把貿易黑字的金額，改用黃金的形式積存下來，所以會想把手邊的美金換成黃金。

但是，美國如果答應西德「美元換黃金」的要求，黃金儲備會大幅減少。黃金儲備減少的話，美元搞不好就無法兌換黃金了，甚至失去基礎貨幣的地位。

因此，美國找上西德勸說，希望西德把貿易黑字轉為他用，例如購買美國的軍火，盡可能不讓西德兌換黃金。

西德對這個提議表達懷疑之後，美國改用威脅，「否則我們就撤走駐軍」。東西陣營冷戰時，德國被切為西德與東德，正好是「東西陣營冷戰的最前線」。如果發生戰爭，德國會先變成戰場。對西德來說，美國的駐軍彷彿救命稻草，如果沒有美軍駐紮，蘇聯打過來根本毫無招架之力。

而且，美國還不允許德國留有強大的軍隊。所以德國當時非得接受美軍的保護——他們面對美國只能被迫上繳保護費。

一九六〇年代，美國因為貿易赤字等因素，黃金持續流出，導致美元的信用低落。法國和西班牙此時逮到了機會，把手邊的美元拿去找美國兌換黃金，把美國逼得窮途末路。

而德國在此時，依然沒有向美國請求兌換黃金。一九六七年，德國的央行總裁布雷辛（Karl Blessing）寄給美國聯準會主席馬丁（William Martin）的書信上寫道：「德國央行不會把美金拿去兌換成黃金。」

當然，德國真正的想法應該是「不想永遠聽美國的話」。這樣的背景也促使德國與法國聯手創建歐盟。

魯爾工業區是歐盟的前身

二戰後的西德，就這樣拼命重建國家，並奇蹟似地實現了經濟成長，但必須經常看美國臉色。而且，德國除了被分割成東西德、首都柏林成為孤立的飛地，還承受了另外一大屈辱。

那就是，魯爾工業區遭到同盟國控管。

魯爾工業區是西歐最大的重工業地區，由推估達兩千兩百億噸的煤山為中心而形成。在二戰後，魯爾工業區改為由同盟國與德國的鄰國（包括英國、美國、法國、比利時、荷蘭，以及魯森堡等）共同管理。

魯爾工業區是德國國力與軍事力量的來源，為了不讓德國再次成為軍事大國，附近的國家才會想進行管理。

當然，這對德國人來說相當難堪。在經濟層面，魯爾工業區被同盟國管理有如有一股力量壓住了德國。

就在這時，法國帶著歐洲共同體的計畫來找德國商量。

法國時任外交部長舒曼的提案是，希望把法國、德國、義大利、比利時、荷蘭，以及盧森堡這六國的鋼鐵業與煤炭業整合在一起。他也提議，由這六國來共同管理德國的魯爾工業區。

對德國來說，由法國等周邊國家來管理魯爾工業區，總比主要是英國與美國管理來得好。而且，這六國不光是管理德國的魯爾工業區，還共同管理六國全部的鋼鐵業與煤炭業。

交出本國產業不是只有德國，而是六個國家都交出本國產業，整合在一起。

這個提案對於德國來說並不是太糟糕。

於是，在歐洲煤鋼共同體（ECSC）成立後，英國與美國退出了魯爾工業區的管理角色。畢竟法國已對德國表示「今後由我們自己管理」，所以英美沒有再插手的立場，只能被迫抽手。

法國與德國稍微擺脫了美國的經濟支配。歐洲煤鋼共同體開始運作，最後逐漸發展為歐盟。

想奪走美元的基礎貨幣寶座

其後，歐洲經濟共同體（EEC）在一九五八年成立。這些國家不光是煤炭與鋼鐵，已經開始以整合經濟整體為目標。

雖然他們也考慮找英國加入，但英國和美國與大英國協有堅定的連結，尚未下定決心走「團結歐洲」的路線，這個想法於是付諸流水。

一九六七年又成立了歐洲共同體（EC），逐步擴大整合的層面。雖然波折不少，但到了二〇〇二年總算成功整合了貨幣。

歐洲共同貨幣歐元問世的當年，日本讀者大概也只有「歐洲貨幣變成只有一種了」的印象而已，這其實是很不容易達成的「革命」。

德國與法國，都企圖讓歐元取代美元成為基礎貨幣。

美元自尼克森衝擊以來，雖然停止兌換黃金，但仍然維持著世界基礎貨幣的地位。美國一而再、再而三地累積貿易赤字與財政赤字，也是全球最大的對外負債國。這種赤字大國的貨幣，居然成為世界的基礎貨幣，實在太不自然了。

要在國際貿易使用這種國家的貨幣來付款，最令人擔心的是，貨幣的價值會不會出問題。這世界上許多國家都希望有美元以外的基礎貨幣出現。

歐洲各國尤其如此。他們自詡為美國的前輩，卻不得不用美國這個赤字國家的貨幣——美元。實在很不是滋味。

德國和法國則打著如意算盤：「導入歐元，讓它成為全歐洲的貨幣，之後它應該會在國際上贏得信用」、「歐洲或許可以搶回美國奪走的全球經濟主導權」。

事實上，他們導入歐元後，以歐元做為外匯存底的國家有漸漸增加。

導入歐元時，世界各國的外匯存底中，歐元的占比在一九九九年為一七．九％，到了二〇〇九年增加為二七．七％。反之，美元在一九九九年的占比為七一．〇％，到了二〇〇九年降為六二．一％。

有一種趨勢漸漸浮現：歐元的占比如果照這樣增加，或許真的能取代美元，成為世界的基礎貨幣。

當然，美元若是失去基礎貨幣的地位，美國應該也會隨之失去世界經濟霸權的地位，變成一個背負高額債務與財政赤字的純粹欠債大國。

希臘危機導致外匯存底占比大減

不過，歐盟與歐元有幾個很大的弱點。

其中一個弱點是，英國之前的參與不上不下。如前所述，歐洲是以法國與德國為中心推動至今。英國在歐盟前身歐洲煤鋼共同體的時期，還是局外人。因此，英國對於參加歐盟的態度並不積極。

歐盟創建共通貨幣歐元時也是。英國並未導入，而是繼續使用本國的貨幣，英鎊。這也影響到了歐元身為貨幣的信用度。

況且，英國二〇一六年的公投還決定了要脫離歐盟。

英國在歐盟成員國中，經濟規模僅次於德國，一旦脫離，對歐盟來說將無疑是個重傷。

歐元的另一個弱點在於，歐元區內各國的經濟實力落差太大。在歐元區裡，有些國家的經濟基礎比較脆弱。歐盟對這種國家必須提供掩護。

希臘的債務危機，把這個弱點突顯了出來。

和德國等國家比起來，希臘的經濟基礎脆弱很多，但在參加歐盟後，因為導入歐元，希臘得到了國際上的信用，於是藉此過度發行國債，到頭來幾乎要讓國家破產。

歐盟光靠自己沒辦法解決希臘債務危機，跑去求救國際貨幣基金組織。雖然名為「國際貨幣基金組織」，但最大出資國是美國，是一個以美國為中心建立起來的機構。當會員國針對議題表決時，只有美國擁有否決權。

去向國際貨幣基金組織求助，幾乎等於是向美國求助。

換句話說，歐盟在內部面臨危機時，光靠自己根本化解不了，還跑去求美國幫忙。這樣的話，歐元要取代美元奪得基礎貨幣地位，還有許多困難。

事實上，在希臘債務危機之後，全球外匯存底的歐元占比降低了。二〇一六年時，歐元占比跌到兩成上下，而美元占比回升到六四%左右。

英國的影響力陰魂不散

歐盟雖然是以德國和法國為中心建立的組織，但過去歐洲各國主導全球經濟時，核心角色是英國。

英國卻對歐盟保持距離。英國並非歐盟的創始成員，雖然一度加入，但也沒有參與貨幣整合，而是繼續使用英鎊。後來在二〇一六年，英國根據公投結果決定脫離歐盟，最後在二〇二〇年正式脫歐。

二戰結束時，英國的經濟規模仍維持全球第二大，僅次於美國，但二戰後卻被日本與西德超車，進入二十一世紀之後又輸給中國，現在只安於全球第五的經濟地位。

不過，英國原為世界經濟的主角，在國際經濟與金融擁有高度水準，至今仍然深深影響世界經濟——或者應該說，仍在檯面下主導著世界經濟。

現代的世界經濟，就是以英國為中心運轉。

自十八到二十世紀初，世界經濟的霸權就在英國手上。英國不管在地球的哪個角落都有殖民地，也是全球最早工業革命的地方。英國過去有「世界工廠」之稱，工業產品的市占率世界第一，遠勝第二名。

英國過去就以這樣的經濟力為背景，保有強大的海軍。英國的海軍不只世界第一，還擁有壓倒性的力量。就算第二和第三名聯手，也難以和英國相抗衡。而這樣的海軍實力，又成了英國經濟成長的糧食。

此外，英國最自豪的還有他們能吸引全世界的財富，並擁有龐大的黃金儲備量。

英國就是拿這些黃金，實施全球最早的金本位制。英國率先採用的金本位制，後來成了世界金融體系的標準。因為有龐大的黃金做擔保，英國的貨幣英鎊就成了世界的基礎貨幣。

不過，英國現在之所以對全球經濟仍有很大的影響力，並不是出於這種「正經理由」。

避稅天堂的幕後操縱者

近來世界經濟有個大問題，那就是「避稅天堂」的問題。

避稅天堂顧名思義，就是「逃避繳稅的地方」，是稅率很低的地區。只要把居住地設在這裡，就幾乎不會課到什麼個人的稅金。

至於橫跨多國經營的跨國公司，若把總部設在避稅天堂的話，也可以用來節稅。把總公司設在避稅天堂，子公司設在各國，再事先設定將各國的獲利自動送往避稅天堂的總公司。

這樣一來，整個企業集團的稅金可以壓到很低。所以許多跨國公司都會把總部設在避稅天堂，尤其是「避險基金」相關的投資公司。

再來，避稅天堂還有一個特性。那就是「會保障隱私」。避稅天堂基本上不會把你在本國內開設的存款帳戶，或是法人等等的資訊，透露給其他國家知道。就算是涉及犯罪的存款帳戶，或是與犯罪有關的企業，只要不是極度嚴重的事，都不會洩漏給外人。

因此，從為了逃稅而隱匿的資產，到關於毒品等犯罪的黑錢，或是貪污等不法手段累積起來的金流，都會從全世界集中到這裡。

也就是說，避稅天堂不但協助逃稅，也是藏匿犯罪黑錢的地方。

現在，避稅天堂讓世界各國頭痛萬分。企業只要規模稍微變大，馬上就會往避稅天堂跑。

只要把總公司設在避稅天堂，政府就沒法課稅，導致國家稅收不足。或者，個人也可以在存了錢之後，馬上把資產藏到避稅天堂，這樣母國便很難從他身上課到遺產稅之類的稅金。

受避稅天堂荼毒最深的，其實是美國政府。在最具代表性的避稅天堂開曼群島，共有一萬八八五七家企業，其中半數是美國相關企業。美國每年大約在開曼群島少收了一千億美元。

當然，不光是美國，世界各國都深受避稅天堂之害。現在，世界有一半以上的銀行資產，跨國公司有三分之一的海外投資，據信都會經過避稅天堂。

國際貨幣基金在二〇一〇年公布的調查中指出，光是南太平洋等島嶼地帶的避稅天堂，就已經吸引了十八兆美元的資金。十八兆美元約為世界生產總額的三分之一，是極為龐大的一筆錢。而且，附記中還寫到，這金額可能還「低估」了。

根據國際非政府組織「租稅正義聯盟」（Tax Justice Network）二〇一〇年底的分析，

共有約二一兆到三二兆美元的金融資產，保存在避稅天堂。為何明明危害到全世界，先進國家卻要放任這個情況？

各國當然不打算只眼睜睜看著亂象。經濟合作暨發展組織（OECD）等主要機構，至今已經嘗試要給避稅天堂設置規範。但避稅天堂卻不太理睬。

目前主要的避稅天堂有，開曼群島、維京群島、香港、新加坡、盧森堡、巴拿馬等。看國名也知道是一些小地方，完全稱不上是大國。

那麼，各先進國家，為何無法對避稅天堂施加高度壓力呢？

因為在避稅天堂的中心，有大英帝國。

意思就是，「英國就在避稅天堂的背後」。

談到避稅天堂，大家的普遍印象是「南太平洋等地的小國，用免稅吸引企業前來本國」。但一開始建立避稅天堂的，其實是英國；現在仍實質控制最多避稅天堂的，也是英國。

看到這裡，一般讀者應該會開始疑惑、搞不清楚吧？或者，也可能覺得「作者是不是愛幻想的陰謀論者」？

但英國建立避稅天堂、而且至今仍大大影響避稅天堂一事，不但已經記載在金融史上，也是任何人都能馬上體認到、極其明確的事實。

不過，英國為什麼要建立避稅天堂？我來說明背後的來龍去脈。

英國的衰落與墮落

英國自十八世紀後半至二十世紀前半，長期是稱霸四方的世界金融中心。一九五七年時，世界貿易中仍有四成是以英鎊交易。

隨著英國經濟的凋零，美國慢慢從英國手中奪走了寶座。

二戰結束後，英國失去印度與埃及，其他殖民地也紛紛獨立。本來統治超過七億人口的大英帝國，到了一九六五年只剩下區區五千萬國民了。

英國在二戰後，深受經常帳、美元儲備、黃金儲備的減少所苦，還不時發生無法維持英鎊價值的「英鎊危機」。

一九四九年，英國實施大幅度的「英鎊貶值」，昔日號稱「世界銀行」的大英帝國英姿在當時已不復見。

英鎊的信用急跌，最終將「世界基礎貨幣」的寶座交給美元。一直以來，英國都是因為有強力的英鎊，才讓倫敦一路以「世界金融中心」為名號稱霸至今。因為英鎊，倫敦才得以主導世界金融。

但當英鎊的價值下跌，失去基礎貨幣的功能後，倫敦的影響力就跟著下滑。隨著英鎊的凋零，倫敦也失去了力量。

為找回影響力，英國下了危險的賭注。那就是「開設避稅天堂」。

避稅天堂源自十九世紀

避稅天堂的起源要回溯到十九世紀。

那是一個西方列強前往亞洲、美洲、非洲，看到什麼就吃什麼，東吃西吃的時代。當時的企業開始全球化。英國為了促進企業投資殖民地，針對殖民地的企業課稅較輕。因此，很多英國企業都轉移到英國的殖民地發展。

當中也不只有英國企業，很多全世界的跨國公司都把總公司改設在英國殖民地。想當然爾，英國的殖民地因而受惠。

就算稅金調降，但企業只要在當地設置總公司，還是得花登記等費用。而且，不管怎樣都還是會在當地花錢。這對英國的殖民地都是重要的財源。

所以，英國的海外領地在二戰後也維持原本的稅制，沒有更動。跨國公司難得把總公司設在這裡，不調整稅制是不想嚇跑人家。

另外，英國的海外領地，自一九六〇年代左右開始，就採行了有如瑞士的保密主義。具體來說是：

稅金便宜算、能輕輕鬆鬆完成公司登記之類的行政作業、代為守住金融方面的秘密，諸如此類。

也就是說，避稅天堂在這時就已經成形了。
為何不是在英國本島設置避稅天堂，要設到英國勢力範圍內的各個島嶼呢？因為在英國本島，實在沒辦法把稅金算便宜。再者，英國身為先進國家，也必須負起對金融的規範與監管等責任。
不過，如果在那些分布於全球各地的英屬島嶼，英國就不必負責。其他國家一抗議，英國只要抛出「那是自治領地，我們無法負責」這句話當藉口就行了。
英國有個傳統，就是打從很久以前，就會利用海外領地來處理一些外交上的問題。例如，澤西島就是。
澤西島是漂浮在英吉利海峽上的英國皇室領地。雖然外交與國防由英國本國來負責，島上卻有自己的憲法與議會，實施自治。原則上是如此。
英國會根據需要靈活運用澤西島。每當有歐洲政治犯要求逃往英國，英國就會把他們藏匿到澤西島。之後就算其他國家抗議，英國官方還是會以「澤西島屬於自治地區，不在我們的管轄範圍」當作藉口來撇清責任——但澤西島確實是在英國的統治之下。

後來英國才想到，同樣的事可以如法炮製。

全球仍有許多英國領地或英國皇家屬領地。英國就是利用這一點，打造出一個「稅金便宜」、「有《銀行保密法》」的地區。

就這樣，避稅天堂誕生了。

遍及全世界的避稅天堂

英國的海外領地變成了避稅天堂，其他國家也不只想當個旁觀者。

美國一開始是避稅天堂的最大受害者，所以從大概一九六一年加強取締避稅天堂，直到現在仍在努力。但英國透過老奸巨猾的手段來因應，所以美國效果不彰。

於是，美國就自己創設、經營避稅天堂。美國本來就有些州的課稅很輕，也有些州很容易設立公司，於是他們安排用這些州來對抗英國領地的避稅天堂。

於是乎，就像英國在開曼群島所做的，美國開始搬到馬紹爾群島去做。

當然，這樣做的不只有美國。為對抗英國的海外領地，瑞士、盧森堡、荷蘭等國也都自己轉變為避稅天堂。這些地區原本就有保密或課稅較輕等特性，只要再加個容易設立公司，或放寬金融規範，就可以吸引企業與資產進來。

避稅天堂就這樣散播到全世界。

不過最有害的、吸引最多資金的避稅天堂，還是英國的海外領地。二〇一六年公開的「巴拿馬文件」的主要舞台維京群島，當然也是英國的海外領地。

英國的經濟恐怖主義

現在，世界不時要煩惱於金錢遊戲的弊害。

在網路泡沫以及雷曼兄弟風暴等事件中，世人多次被迫面對了突如其來的不景氣。而避險基金離譜的收購戲碼，也讓關係企業與員工們驚慌失措。

說到這種金錢遊戲的大本營，我們會最先想到的是紐約的華爾街。

不過，金錢遊戲真正的大本營並非華爾街。確實光看金融交易量，華爾街是世界第一，但大半是美國的國內交易，市場並沒有那麼大。

金錢遊戲真正的大本營是倫敦金融城。

從全球經濟的占比來看，倫敦金融城凌駕於華爾街。包括國際性股票交易約有一半，國際性新股公開上市的五五％，以及國際貨幣交易的三五％，都由倫敦金融城占走。

另外，英國的外匯交易額每天平均是兩兆七二六〇億美元，占全球整體的四成。這當然是遙遙領先的第一名。第二名的美國只有一兆二六三〇億美元，不到英國的一半。

國際金融中心的地位，現在依然由倫敦金融城穩坐。

為何倫敦金融城對於世界金融的影響力如此巨大？

因為英國是避稅天堂的大頭目。根據國際結算銀行（BIS）的推估，英國與其海外領地的離岸銀行存款餘額約為三兆兩千億美元，占全球離岸市場約五成五。

也就是說，避稅天堂的錢大半都是英國經手的。

英國的「經濟力」在世界上並沒有多強，這幾年在全球GDP的排行中是第五名，只有美國的七分之一。但英國在國際金融交易中，占比卻最大。

這證明了避稅天堂是何等扭曲世界的金錢了。

雷曼兄弟風暴的爆發點在倫敦

近幾年，英國都是以毫不在乎的態度用力玩著金錢遊戲。

英國在國際經濟上一直以來的「禁忌手法」，還不只有避稅天堂。現在世界上的「狡猾金錢遊戲」多數都和英國有牽扯。

金錢遊戲的核心地區並非華爾街，而是倫敦金融城。華爾街不過是在追隨倫敦金融城。和美國相比，英國對金融與企業的規範鬆散很多。藉由放寬規範，可以引來全世界的企業與熱錢。

俄羅斯企業在海外設立時，不會去紐約，而會選擇去倫敦金融城。因為倫敦金融城的法規標準低於紐約與其他地區。

通常來說，各國的上市市場為保護投資人，都會對上市企業設置種種的標準與規範。但倫敦的規範就是比較鬆。對上市企業來說，當然越容易上市越好；但對投資人來說，風險就大了。

倫敦金融城的規範較鬆，所以全球的金融機構與投資公司，就會聚集到倫敦。倫敦也因而維持住高於紐約的國際金融地位。

只不過，倫敦金融城的鬆散規範，卻不時會造成全球性的問題。例如，雷曼兄弟風暴。

導致雷曼兄弟破產的一大主因在是「回購105」（REPO 105）這項交易，該交易就是在英國子公司進行的。簡單講，「回購105」就是在決算期快到時，把手邊的債權等在「日後買回」的條件下暫時換現。所以，只要快要進入決算期進行此一交易，決算書上看起來就會有很多現金，財報看起來會很健全。

雷曼兄弟銀行藉由大規模進行「回購105」，騙過了美國監管單位的眼睛。此一

「回購105」交易，就是在雷曼兄弟的英國子公司進行的。

英國對於這類交易，法律上比較鬆，會計事務所很容易點頭放行。如果是美國的會計事務所，無疑會在事前制止。雷曼兄弟應該也是算準了「在美國沒辦法，但在英國可以」吧。

此外，和雷曼兄弟同為戰犯的美國國際集團（AIG），其經營危機也和倫敦金融城大有關係。該集團陷入經營危機，是因為手上抱了太多的次級房貸，而這些次級房貸，是以美國國際集團的倫敦辦公室為中心推動的。

雷曼兄弟風暴的成因當然不只於此，但英國金融規範鬆散必然是一大原因。

俄羅斯為什麼敢惹美國？

歐洲除了歐盟和英國之外，還有一個對世界經濟大有影響的大國。

那就是俄羅斯。

過去在東西陣營冷戰的時期，當時為蘇聯的俄羅斯擔任東側社會主義陣營的盟主。但在一九九〇年前後，東歐的社會主義國家們一個個垮台。原本的盟主蘇聯也因為聯邦內的國家逐一離去而崩壞。當時蘇維埃聯邦的國土，大部分由現在的俄羅斯聯邦承接。

俄羅斯的經濟規模比歐美主要國家與日本都還來得小，目前GDP是全球第十一名，低於韓國。

如果光看經濟規模，俄羅斯並不算什麼大國。但俄羅斯仍持續對全球的政治經濟有很大影響。在國際問題上，俄羅斯常和美國起衝突，也是少數能對抗美國的國家。

為什麼俄羅斯的經濟規模不大，卻能和美國對抗？

這與俄羅斯強大的軍事力量有關。東西兩陣營冷戰時，蘇聯保有不輸西方陣營的軍事力量，而俄羅斯也沿續了這股軍事力量，是和美國不分軒輊的核武國家。

為了維持其軍事力量，俄羅斯必須具備相對應的經濟力才行。

但一個GDP全球第十一大的國家，要如何維持強大的軍事力量？

主因在於「資源」。

俄羅斯是世界屈指可數的資源大國。俄羅斯擁有石油、天然氣、煤炭等能源資源，以及鐵礦、金、銅、鎳、汞、鋁等礦物資源，甚至可以說一切產業所需的資源，俄羅斯幾乎都有產出。

冷戰時期也是，蘇聯的石油產量不時會超車沙烏地阿拉伯，變成全球第一。現在俄羅斯依然擁有世界第二高的產量，其天然氣產量也是世界第二。

此外，俄羅斯似乎讓人聯想到「極寒之地」，但它也是個土地肥沃的農業國家。尤其是小麥，產量世界第三，供應本國國民消費都綽綽有餘，而且出口量也是世界第一。魚貝類等水產資源也很豐富，由於森林占去國土的一半，也不缺木材資源。

俄羅斯經濟上的優勢，與美國很相像。

美國擁有歐洲的文化，而豐沛的資源與肥沃的國土也是優勢。美國在十九到二十世紀躍升為傲視群倫的世界經濟之王，這顯然功不可沒。

其他歐洲國家雖然有進步的文化，卻有其他弱勢之處，不是缺乏資源，就是農地狹小。歐洲各國為了貿易而奔波世界各地，就是因為有這樣的限制。

尤其進入二十世紀之後，石油重要性大幅提升，這種狀況更加明顯。歐洲幾乎不產油，因此他們必須跑到世界各地找石油，而這又成為戰爭的主要因素。

美國在兩次大戰中都勝出，其中一項主因是美國是世界最大的石油產出國。俄羅斯也一樣，和美國擁有同樣的優勢。

東西兩陣營會發生冷戰，原因之一在於「蘇聯是個資源大國」。

二戰剛結束時的歐洲各國，不但土地荒廢，產業也極度停滯。

所以美國對歐洲各國可以輕鬆施以經濟封鎖。也就是說，只要美國表明「不提供經濟援助，也不合作貿易」，多數歐洲國家都會陷於困境。因此他們凡事都不得不聽美國的意見。

只有蘇聯有辦法隨便向美國說不。雖然戰後他們的產業也受到相當的破壞，而需要美國支援，若少了美國的經濟交流也會受重傷。

不過，蘇聯就算不再跟美國交易，也不會就此束手無策。因為他們是擁有龐大資源與廣大農地的國家。

東歐各國可以從蘇聯弄到能源與資源，蘇聯也可以獲得東歐的農產品，因此當時在共產主義的範圍內可以自給自足。也就是說，當初以蘇聯為核心的東歐各國，就算受到美國經濟制裁，也還是能活下去。就是這樣才讓東西陣營的冷戰成為可能。

現在的俄羅斯，也沿續了蘇聯時代的優勢，成為少數被美國經濟制裁，還照樣能活下去的國家。

當然，受到經濟制裁一定會受傷。但俄羅斯不會像日本等多數其他國家那樣，一被美國制裁馬上就會嚴重影響人民生活。

所以俄羅斯才有辦法對美國講話大聲。

第四章

伊斯蘭世界與歐美為敵？中東烽火始於經濟

塔利班、以巴衝突、石油危機……
中東看似宗教或民族問題的事件，
如何串起全球經濟，讓歐美聞之色變？

中東問題的根本在於錢

近年，中東伊斯蘭教圈的人們與歐美處得不好。

在美國以及西歐各國，不時會出現狂熱的伊斯蘭教徒進行恐怖攻擊。再者，阿富汗極端伊斯蘭主義的勢力塔利班，也在不久前掌控了政權。塔利班在歐美各國眼中是恐怖主義的溫床，因此必須持續打擊。

伊斯蘭教徒與歐美各國的對立，乍看之下很容易以為是宗教問題，但事實並非如此。追根究底還是經濟問題。

在現代的世界情勢下，伊斯蘭國家的影響力變得很大。

尤其是阿拉伯國家的石油，已是世界經濟不容忽視的關鍵；再者，產油國的油源也能左右國際金融市場。以石油為首的各種利益爭奪，成為伊斯蘭教國家與歐美國家的莫大鴻溝。

要解讀現今的中東情勢，必須回溯到鄂圖曼帝國的時代。

伊斯蘭世界和亞洲、非洲一樣，看似「長期被歐美國家殖民」，但實際上並非如

圖表3：1683年的鄂圖曼帝國疆域

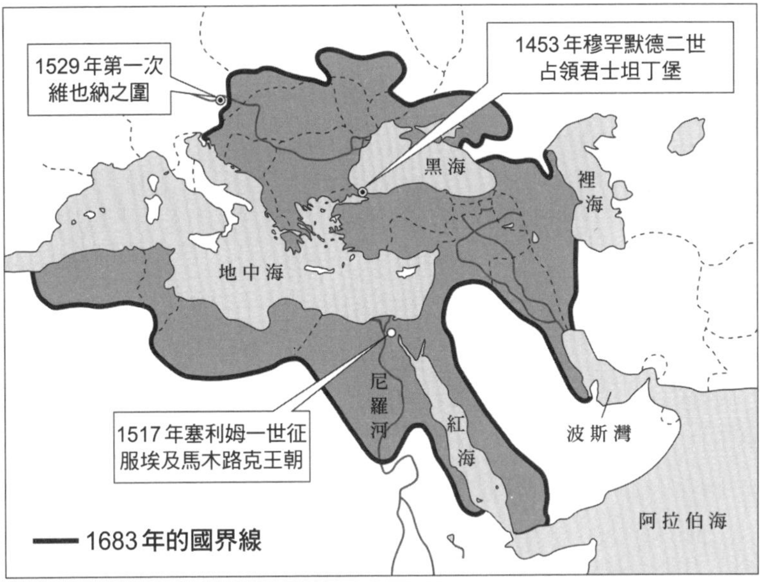

此。從中世紀到二十世紀，伊斯蘭世界都勢力強大，甚至讓歐美國家難以觸及。

鄂圖曼帝國這個龐大的帝國就是伊斯蘭世界的核心。

這個帝國其實是一二九九年時，土耳其附近一個叫鄂圖曼的小部落發展而成。自十四至十五世紀前半，鄂圖曼帝國急速成長，一四五三年甚至攻陷了東羅馬帝國的首都君士坦丁堡，消滅了羅馬帝國的後代。十六世紀初，還把埃及的馬木路克王朝納為統治版圖。

鄂圖曼帝國將首都設於君士坦丁堡（現伊斯坦堡），全盛時期的版圖包括東歐到整個阿拉伯、西亞、北非的廣大地域，而且持續了六百多年，直到二十世紀都維持著大帝國的水準。

西歐國家的大航海時代，也是在鄂圖曼帝國的影響下展開的。

當時，西歐各國都很想要亞洲傳入的辛香料。辛香料可以為料理帶來各種變化，是中世紀西歐的上流階級眼中不可或缺的食材。不過，要把辛香料運到西方國家，不可能不經過鄂圖曼帝國。

鄂圖曼帝國的商人也會賣香料給西洋的商人，但價格很貴，當時甚至可能貴到「胡椒一克換銀一克」之類的。也因此，西歐各國為了找到繞開鄂圖曼帝國、能與亞洲交易的新路線，才會著手開拓非洲航道、大西洋航道等。

大航海時代就此展開。

西方世界後來快速發展，還發生工業革命，但照樣拿鄂圖曼帝國沒辦法。

鄂圖曼帝國和歐洲各國相鄰，吸收了不少新文化。受到了一些工業革命的影響，也有些尖端的軍事武器。最重要的是，因為擁有廣大的領土、經濟力以及人口，戰爭的實力會很強大。

自十八到十九世紀，非洲與亞洲接連成為歐美的殖民地，唯獨鄂圖曼帝國沒有被成功入侵。

要到二十世紀，鄂圖曼帝國的巨牆才被西歐世界打穿。

發生在歐洲的一戰中，鄂圖曼帝國和德國、奧地利都是同盟國。鄂圖曼帝國雖然強大，但這時已失去大帝國的吸引力，像是利比亞、馬其頓和阿爾巴尼亞，都脫離了鄂圖曼帝國。此外，鄂圖曼帝國還面臨俄羅斯帝國南下的壓力，為了打破局面，才會去與新興國家德國結為同盟。

以英國、法國為中心的協約國陣營，原本計畫拉攏鄂圖曼帝國，但失敗了。後來鄂圖曼帝國以同盟國陣營的一員參戰，英法兩國只好設法瓦解鄂圖曼帝國。

為打敗鄂圖曼帝國，英法兩國採用了巧妙的策略。阿拉伯的部落原本為鄂圖曼帝國統治，英國要求他們協助，交換條件是讓他們在戰後獨立。

電影《阿拉伯的勞倫斯》（*Lawrence of Arabia*）中，知名的英國情報軍官勞倫斯（Thomas Edward Lawrence）中尉是當時的間諜之一，也是對中東瞭若指掌的考古學家，一戰爆發後，他馬上受到陸軍情報部的徵召，成為臨時中尉。勞倫斯中尉活用自身的外語能力，潛入阿拉伯部落，安排他們反叛鄂圖曼帝國。

可能是這樣的計謀奏效，一戰後，鄂圖曼帝國就瓦解了。

於是在英法的主導下，巴勒斯坦、伊拉克、約旦、敘利亞，以及黎巴嫩等現在阿拉伯國家的原型就建立了起來。

持續了六百年的鄂圖曼帝國消失了。而伊斯蘭世界一直沿續到今天的混亂，就是在這個時候開始的。

英國在中東埋下了火種

現在中東的混局，火種可說是源自英國當初用來瓦解鄂圖曼帝國的計謀。英國對一戰後的中東，向三個對象提出了三種不同的方案。

第一，英國對盟友法國提案，原鄂圖曼帝國的領地，由英國與法國共同瓜分。雙方是一戰時的盟友，所以這是為了討好當時的世界強國法國。

第二，英國對對阿拉伯社會說，包括巴勒斯坦在內，要在中東建立一個阿拉伯王國，取代鄂圖曼帝國。如上一節所述，當時伊斯蘭世界絕大部分都由鄂圖曼帝國統治——有些部落對此不滿，所以英國就以戰後獨立為條件，慫恿各部落反叛。

最後一個提案，是英國對猶太人講的。英國人提議在戰後打造一個猶太人的「民族家園」。

現在以色列所在的巴勒斯坦地區，在一戰前也由鄂圖曼帝國統治。當時的猶太人社會中，有很多人支持德國與鄂圖曼帝國所屬的同盟國陣線，因為最為迫害猶太人的是俄羅斯帝國，所以猶太人支持與俄羅斯作戰的德國。

猶太人，即信仰猶太教的一群人。猶太教是由古代猶太人創立的宗教，奉《舊約聖經》為聖典。《舊約聖經》同樣是基督教與伊斯蘭教的聖典，說起來也是基督教與伊斯蘭教的起源。

猶太人原本在古代的巴勒斯坦地方有個國家，但遭到羅馬帝國等外來者入侵，他們失去了國家。在那之後，猶太人在長達兩千年的時間裡四散各地，到處流浪，一直堅守著的只有信仰。他們一直很希望總有一天要在巴勒斯坦重建自己的國家。

另外，猶太人自古就是個精於金融才能的民族。由於他們四處流浪，也具備情報能力與聯繫網路，所以有很多人以經營匯兌為業的人，到現代這些人就開起了銀行。知名的羅斯柴爾德（Rothschild）家族，也是十八世紀時在德國發跡的猶太人銀行家。

一戰中，擁有龐大金融力的猶太人社會要支持哪個陣營，是外界矚目的焦點。協約國與同盟國兩個陣營，當然都想拉攏猶太人。畢竟，只要讓猶太人社會變成夥伴，在軍費的調度上會非常有利。

協約國陣營原本陷於苦戰，但英國對猶太人社會提出很大的一項保證：戰爭結束後，巴勒斯坦地方讓猶太人來建立民族家園。這稱之為《貝爾福宣言》（Balfour

Declaration），會取這個名字，是因為時任英國外交部長貝爾福寫了一封信給猶太人社會的大老——羅斯柴爾德家。

也就是說，英國想要猶太人的錢，擅自允諾要把巴勒斯坦送給猶太人。這個提案幾乎掌握了猶太人社會的願望。貝爾福宣言中提的是「打造一個猶太人的民族家園」，並未明確寫出「建立一個猶太人的國家」。但猶太人就是解讀為「能夠建立一個自己的國家」。

在一戰中，協約國在重重困難中取勝了。

只不過，中東在戰後當然了陷入混亂，巴勒斯坦地方尤其混亂。阿拉伯世界與以色列的對立，就是在此時萌生。英國見人說人話、見鬼說鬼話的手法導致了日後的一系列大災禍。

根據國際聯盟的決定，巴勒斯坦地區交由英國託管。

一戰結束時，巴勒斯坦約有七十五萬居民，其中有六十五萬人是阿拉伯人。雖然有猶太人，但只占極少數。這些人彼此不算是親密，但至少是相安無事。

但在一戰後，開始有猶太人根據貝爾福宣言大量遷徙到巴勒斯坦。在一戰結束時，當地的猶太人據估計只有五萬人左右，但一九三一到三五年期間就有十五萬人遷入墾荒。

阿拉伯社會對此極度反彈。

英國必須顧慮阿拉伯陣營，所以做了些安排，像是讓阿拉伯人當以色列的市長。但隨著猶太人移民越來越多，社會壓力也越來越大。巴勒斯坦開始頻繁出現猶太人與阿拉伯人的小規模爭執，不時還會演變為大慘案。

二戰後，巴勒斯坦的猶太人和阿拉伯人的對立，已達臨界點。英國終於放棄託管統治，把巴勒斯坦交還聯合國。

聯合國建議將巴勒斯坦一分為三，包括猶太人自治區、阿拉伯人自治區，以及各宗教重要資產所在的耶路撒冷——最後一部分由聯合國管理。

猶太人陣營雖然不情願，但還是接受了。阿拉伯陣營則無法接受。因為猶太陣營有所得，而阿拉伯陣營只是有所失。

圖表4：巴勒斯坦的變遷

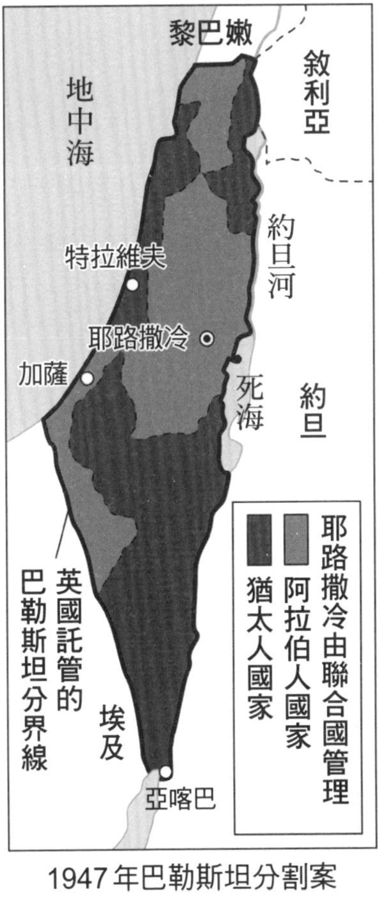

1947年巴勒斯坦分割案

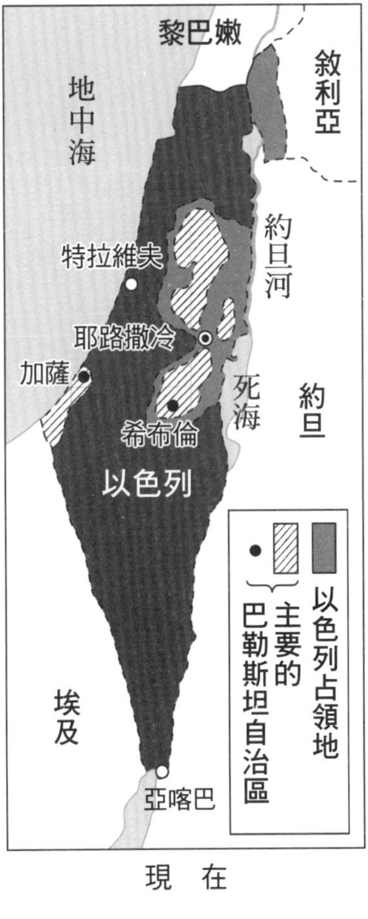

現　在

一九四八年五月十四日，英國的託管統治結束。與此同時，巴勒斯坦的猶太人提出了以色列建國宣言。以色列與周遭不承認其獨立的阿拉伯國家，緊接著就爆發了戰爭。

這就是第一次以阿戰爭。

阿拉伯陣營雖然在軍事上有壓倒性的優勢，但彼此未能協調合作，多次輸給拼命作戰的以色列軍。一九四九年簽訂停戰協定，第一次以阿戰爭於是結束，但諷刺的是，阿拉伯陣營失去了許多土地。以色列掌握的地區變成比聯合國決定的猶太人自治區還多。

這時的停戰協定線，就是現在國際認同的以色列國界線。

戰爭期間，逃往鄰國的巴勒斯坦阿拉伯人被以色列政府禁止回國，因而產生了好幾十萬的難民。其中有些人到現在都還過著連續好幾代的難民營生活。

這也是巴勒斯坦難民的悲劇之開端。

石油讓中東情勢更複雜

中東的這場混亂，還有另一大關鍵因素。

那就是「石油」。

中東在一戰與二戰前後相繼發現大油田。在此前，人們已經知道中東可以開採石油，但還沒有發現開採之後保證不會虧錢的大規模油田。一九〇八年在伊朗、一九二七年在伊拉克，都發現了大規模的油田。

此外，美國的石油公司加利福尼亞標準石油，於一九三二年在巴林、一九三八年在沙烏地阿拉伯的達曼（Dammam）都發現大規模油田——同年，在科威特的布爾幹（Burgan）也同樣有發現。

而且，這段期間剛好發生了能源革命，主要能源從煤炭轉換為石油。舉凡船隻到工廠的動力源，人們開始廣泛使用能源效率較好的石油。另外，以石油為燃料的飛機與汽車等載具，也開始爆發式地普及。

石油的需求大增（反過來說，需求增加會引發開採風潮，而中東將會在這波風潮中嶄露頭角）。因此，歐美各國為了爭奪中東的利益，展開了激烈的競爭。

中東光是以色列與阿拉伯國家的對立就夠複雜了，又扯上石油這種世界最強的戰略物質。

美國和阿拉伯有什麼密約？

東西陣營在二戰後開始冷戰，多數中東的伊斯蘭國家都暫時靠向西方陣營。這是因為，西方陣營的盟主美國在中東握有強大的影響力。

美國與阿拉伯國家間的密切關係，開端是二戰中雙方的某項密約。二戰末期，美國與沙烏地阿拉伯簽了一項密約，據信對戰後的世界經濟造成巨大影響。

根據沙烏地阿拉伯的第一代國王伊本・沙烏地（Ibn Saud）的傳記，以及美國前中情區諜報員羅伯特・貝爾（Robert Baer）的手記，一九四五年二月，雅爾達會議後不久，美國時任總統小羅斯福在美國的昆西號（*Quincy*）巡洋艦上曾與伊本・沙烏地有過一次極機密的會談。

席間，雙方白紙黑字簽訂以下的內容：沙烏地阿拉伯承諾，今後，石油交易的結帳，全數都以美元為之；相對的，每當阿拉伯王國遭逢他國勢力威脅，美國會出兵保護。

這份密約，看來幾乎都是事實。

伊本・沙烏地國王的傳記，在許多資料中都有清楚提到；而看看美國與沙烏地阿拉伯在那之後的互動，也不禁令人懷疑真的有那種約定。

事實上，沙烏地阿拉伯就是把在紐約貨幣中心銀行的非居民美元存款帳戶，指定為石油的結帳帳戶，此外不用於其他結帳。

況且，每當阿拉伯王國陷入危機，美國也多次出兵相助。

美國自詡「民主主義的旗手」，一向都要求非民主國家改善，至少也會提出抗議。但對於實施不民主的王權制度的阿拉伯地區，美國幾乎沒有採取什麼行動，像是默許一般。仔細想想，只可能是因為美國要遵守和阿拉伯的密約使然。

再者，阿拉伯國家也一直堅持執行密約的條件。

「石油交易以美元計價」這件事，到現在都還是整個石油業界的不成文規定。「石油買賣必定使用美元」的慣例，為美國帶來了超乎常理的利益。

石油這種資源，是產業的血液、社會的必需品，也是最強的戰略物資。而且交易額還龐大無比。各國為了買賣石油，自然會需要巨額的美元。

如果買石油必須用美元，那麼想買石油的國家，就非得先準備好美元不可。這個國家必然需要交換美元。

美國明明沒有賣任何東西，各國卻都跑去找他們買美元。他們只要啟動印鈔機印鈔票，就能坐收全世界的錢——就是這樣的機制。石油買賣由美元獨占，這可以說是美元至今仍是世界基礎貨幣的關鍵原因。

美國和以色列的蜜月關係

讓中東問題變複雜的，還有另一個重要原因。那就是美國和以色列的關係。

以色列在阿拉伯地區不受歡迎，當初阿拉伯國家多半不承認以色列是一個國家。而且，阿拉伯國家還是全球最重要的產油地區。

如前所述，美國取得了沙烏地阿拉伯與中東的石油權益，並藉此大肆擴張經濟霸權。從美國的世界戰略來看，應該是一面倒向阿拉伯才對。但礙於某些原因沒有辦法。

畢竟，美國和以色列的關係可以說是親戚。

正如讀者所知，以色列這個國家由猶太人建立。而世界上住了最多猶太人的國家，當屬以色列與美國。其實，住在美國的猶太人超過五百萬人，僅次於以色列，是猶太人居民世界第二多的國家。這兩國的猶太人口，占了目前總體猶太人口的八成。

西班牙與葡萄牙曾在大航海時代放逐猶太人，英國卻沒有這麼做。因此，全球的猶太人，都跑到美洲大陸的英國殖民地去。

特別是紐約，因為有很多猶太人搬過去住，甚至還有人用「猶約」（Jew York）來揶揄。現在，紐約的總人口有兩成以上是猶太人，也就是一百七十萬人，這可多過耶路撒冷或是特拉維夫。紐約就是全球最大的猶太人居住都市。

猶太人在美國的經濟、醫療、學術等各個領域都很活躍。

美國是世界最豐足的國家，但猶太人在其中又屬於上流階級。美國的百貨公司等零售業、批發業、媒體、金融、電影產業等等，猶太人群體的占比非常高。紐約的金融業界也有很多猶太人。要談論美國的經濟不可能忽略猶太人。

也就是說，美國和猶太人社會關係相當密切，美國和猶太人的國度以色列則有如親戚一般。對美國來說，以色列跟阿拉伯國家的問題，就像是自己的親戚和最大客戶在爭執一樣。

產油國的群起

進入一九六〇年代後，中東的伊斯蘭產油國轉為對抗歐美國家。

二戰後的產油國，起初對於掌管石油事業的歐美企業並沒有什麼不滿。畢竟，阿拉伯的產油國家等於是什麼都不用做，就有大量的資金流入。開採石油一開始需要高額的投資。精煉設備的建設，輸油管的鋪設，以及油輪的準備等等，都非做不可。

那時的阿拉伯國家無法只靠自己，因為仍缺乏技術與經濟力，於是把權利賣給歐美的石油企業，只收權利費。

歐美的石油公司付礦區使用費給當事國，剩下的收益就歸自己所有。阿拉伯的產油國開始察覺到，石油公司的收益十分龐大。石油事業確實需要鉅額的初期投資，但只要投資完成，就會有數倍的財富進帳。

阿拉伯國家終於開始不滿：「是我們自己的國家在耗用資源，為何是其他國家的企業賺大錢？」

一九四九年，本來獨占打理沙烏地阿拉伯石油的美國企業「沙烏地阿拉伯國家石油公司」（由埃克森〔Exxon〕、美孚〔Mobil〕、雪佛龍〔Chevron〕、德士古〔Texaco〕共同成立的合資公司）賺到的收益，是付給沙烏地阿拉伯政府的礦區使用費的三倍。而「沙烏地阿拉伯國家石油公司」付給美國政府的稅金，甚至比沙烏地阿拉伯政府收的金額再多四百萬美元。

也就是說，沙烏地阿拉伯拿的錢，比石油企業交給母國（美國）的稅金還要少。石油是沙烏地阿拉伯政府的，但是美國政府拿到的反而比較多。

礦區使用費是一開始就決定好的，還簽了約，所以不太能再修改。不過，也確實有中間又修改的實際案例。

一九四八年，委內瑞拉和石油公司談判，但改的不是固定的礦區使用費，而是變更為石油收益雙方五五對半分。沙烏地阿拉伯也仿效，在一九五〇年向「沙烏地阿拉伯國家石油公司」要求石油收益要五五對半分，對方答應了。

其他阿拉伯產油國見狀也去談判，都成功了。

歐美的石油企業雖然答應這件事，但如果還要進一步再變更什麼，當然不太樂意。而且，歐美的石油公司對於產油量與售價等石油生產的各個層面，都有決定權。產油國當時無法對此置喙。

因此，產油國雖然得到收益的五成，卻還是無法掌控收益本身。只能默默收取石油公司交出來的收益。

這部分，一方面也是因為阿拉伯國家的技術人員不足，缺乏精通石油知識的專業人士所致。

不過，阿拉伯國家也不只是坐以待斃。他們讓年輕的學生們去西歐各國留學，學習專業知識。一九六〇年代，這些年輕人學成回國，開始活躍。接著，阿拉伯的石油技術人員開始萌生出一種想法：阿拉伯國家應該串連起來，對歐美的石油企業施壓，掌握石油生產的主導權。

這個時候，發生了讓阿拉伯產油國震怒的事。

一九五九年，阿拉伯產油國的大型石油企業「英國石油」對外宣布，擬將石油的價格調降一成，因為蘇聯產的石油在市面上供過於求。但阿拉伯產油國事前都沒有被知會。

石油價格調降一成，對產油國的財政影響很大。這麼重要的事，事前連打個招呼都沒有，反而是石油企業擅自決定。產油國當然會義憤填膺。

一九六〇年，美國的石油企業「紐澤西標準石油」宣布，石油的價格要調降七%。阿拉伯產油國得知，又是晴天霹靂。

阿拉伯產油國終於生氣了，共同成立了一個和歐美的石油公司相抗衡的組織，這個組織就是石油輸出國組織（OPEC）。

石油輸出國組織是由伊朗、伊拉克、科威特、沙烏地阿拉伯，以及委內瑞拉創立，是一個國際性的石油卡特爾組織。

石油輸出國組織當下的目標是：把維持在五五對半分的石油收益，再改為產油國拿六成，石油公司拿四成。後來，各國都成立了國營的石油公司，力求掌控本國石油的主導權。

連美蘇都嚇倒的石油危機

一九七〇年，埃及的納瑟（Gamal Abdel Nasser）去世了。納瑟總統在阿拉伯是英雄般的人物，因為，他把原本遭英法掌控的蘇伊士運河給國有化。

繼任納瑟成為總統的，是和他志同道合的沙達特。沙達特總統的想法是，「要利用石油的力量來消滅以色列」。

當時，以色列問題是阿拉伯國家共同的煩惱。猶太人占據了巴勒斯坦的一部分，並在二戰後，單方面宣布以色列建國。雖然阿拉伯國家向以色列發動戰爭，希望收回領土，可惜一敗塗地，反而還失去領土。

沙達特總統希望「埃及攻進以色列，同時阿拉伯產油國要共同向全世界施壓」。也就是說，產油國對於任何幫助以色列的西方國家，將要限制石油出口過去（或直接禁運）。

當時，世界經濟對阿拉伯國家的石油依賴度居高不下。美國從阿拉伯進口石油的比率是二八％，日本是四四％，歐洲各國是七〇至七五％。沙烏地阿拉伯的石油出口量世界第一。

一九七三年十月六日，埃及與敘利亞軍開始攻擊以色列。

埃及與敘利亞軍在事前研究猶太人何時容易放鬆警戒，決定在「贖罪日」發動攻擊。

一九六七年，埃及和以色列曾經交火，那時埃及慘敗。也因為這段往事，以色列沒想到埃及還敢再次主動打來。

埃及出動的兵力不只是打局部戰，而是發動全軍總動員的攻擊。

這場奇襲作戰，以色列一開始是居於劣勢。經過一星期後，蘇聯開始供應武器給埃及與敘利亞軍。美國見狀，也開始供應武器給以色列，戰線呈現膠著狀態。

在那之後不久。一九七三年十月十六日，阿拉伯產油國的石油部長們集結在科威特。他們決定石油價格要調漲七〇%而且沒有找歐美的石油公司商量，也沒有事前通知。雙方的立場完全逆轉，產油國變得強勢。

隔天，阿拉伯國家又宣布了更勁爆的消息。

「除非以色列軍從一九六七年占領的地區撤走，否則我們會每個月減產石油五%。」

「出口減少的對象，只有提供以色列物資與道義性協助的國家。對這些協助以色列的國家，我們馬上就會全面禁運石油。」

這個公告震驚了全世界。

但美國沒有停止支援以色列武器，西方陣營也無法在美國面前表明自己反以色列。因此，阿拉伯國家真的開始減產石油，也對美國全面禁運。阿拉伯的石油產出量減少了二五％，石油價格在半年內翻升為四倍。

相當依賴阿拉伯石油的歐洲各國和日本都陷入驚慌。這就是第一次石油危機。

事態至此，連美國也不得不出手因應。蘇聯也是，照這樣下去會被迫軍事介入，雙方都希望盡早有個結果。

在美國與蘇聯的聯手調停下，一九六七年以色列所占領的地區，部分交還給埃及和敘利亞。此外，也決定了要在雙方陣營之間設置緩衝地帶，這次的戰爭就結束了。

第一次石油危機，就像在宣告阿拉伯國家對於世界的龐大影響力。此後，誰要是再敢瞧不起阿拉伯國家，世界經濟只能等著停擺。這一點，西方的先進國家都深切地體會到了。

石油危機竟讓阿拉伯國家出現裂痕

諷刺的是，第一次石油危機卻讓阿拉伯國家內部出現裂痕。

石油危機前，每桶油價在三美元以下；石油危機後，每桶油價在十一至十三美元，居高不下。產油國因而賺到了前所未有的巨額金錢。阿拉伯的產油國成了暴發戶。但並非所有阿拉伯國家都有豐沛的油田。例如，在阿拉伯國家有如盟主的埃及，就沒有足以滋潤國庫的那種大油田。

當沙烏地阿拉伯、科威特與利比亞都突然有錢起來，埃及等非石油輸出口，就被拋下了。阿拉伯國家內部的這種經濟落差，不但變成彼此間的裂痕，日後甚至還演變為戰爭。

埃及因為跟以色列開戰，大量軍費讓國庫凋敝、歲入不足。埃及雖然求助過賺得飽飽的阿拉伯產油國家尋求援助，卻得不到太理想的回應。

無奈之餘，埃及總統沙達特在一九七七年，決定要停發原本給貧困階層的糧食補助。埃及民眾發現他的意圖，於是發起了全國規模的示威抗議，使埃及的社會陷入動盪不安。

沙達特總統馬上決定繼續放發糧食補助，先消弭社會不安再說。但埃及的歲入不足問題依然沒有解決。

沙達特總統為補歲入之不足，做了出人意料的舉動。

攻打鄰國利比亞。

一九七七年七月二十一日，埃及撤回為防範以色列軍隊而駐紮於西奈半島的部隊，改為攻擊利比亞。

埃及軍隊攻擊了利比亞四天，期間國際批判聲浪變強，國內也有許多反對意見。

「現在和以色列還處交戰狀態（停戰中），怎麼會變成阿拉伯國家之間在打仗呢？」

沙達特總統耐不住國內外的批判，短短四天就放棄再攻打利比亞了。

埃及與以色列閃電和解

時任埃及總統沙達特，為解決歲入問題，又做出了更讓人驚訝的行動。他迅雷不及掩耳地找以色列和解了。鄰國都跌破眼鏡，才剛看到他入侵阿拉伯地區，沒想到接下來他又和原本有深仇的以色列和解。此舉震驚了全世界。

為何埃及要找以色列和解？因為，和解能引來以色列背後的美國提供援助。再者，加入西方陣營也能吸引龐大的投資。

雖然埃及的部長們絕大多數都反對，但沙達特總統還是在一九七七年十一月飛到以色列。他在以色列國會上發表演說，主題是「只要以色列從一九六七年入侵的地區撤退，阿拉伯世界很樂於和色列共存」。

西方陣營樂見沙達持總統和以色列的和平談判，但阿拉伯各國大為反對。埃及在阿拉伯國家中的人口最多，是個大國。一旦埃及離開對以色列的戰線，其他阿拉伯國家就沒辦法對抗以色列。

一九七八年，阿拉伯各國在巴格達舉辦高峰會，其中的石油輸出國向埃及提議，「如果埃及中止和以色列的和平談判，十年間將每年提供五十億美元的援助」，但他們也同時威脅，如果埃及和以色列談和，就要和埃及斷交。

沙達特總統只表示「如今再來講這些，為時晚矣」。然後在一九七九年，埃及和以色列在美國華盛頓簽署和平條約。

至此，阿拉伯各國就真的和埃及斷交了。阿拉伯世界進入了關係脫節的時代。

伊朗革命的衝擊

一九七九年，中東再次向世界拋出衝擊的消息。伊斯蘭勢力在伊朗發起革命。

當時的伊朗，有一半人口都未滿十六歲，是名符其實的「年輕國家」。但伊朗國王的政府未能給這些年輕人一個能好好謀職的社會。伊朗的經濟全靠石油，當時沒有發展其他產業。

伊朗的石油產業基本上由歐美企業經手，伊朗政府只收取油田使用費而已。照這樣下去，不可能發展自己的經濟。

與此同時，伊朗的國王與上流階級卻在享受從美國取得的豐沛物資與文化。從伊斯蘭的價值觀來看，這種「頹廢」的文化竟然流入了伊朗。當時的伊朗是中東最美國化的地方。

有很多伊斯蘭的宗教相關人士，對於國家的這種氛圍，都很不以為然。伊朗國王巴勒維（Mohammed Reza Pahlavi）卻用秘密警察取締表明反對的宗教勢力。

此外，很多伊朗的貴族或富裕階層的後代，因為嫌棄伊朗的教育制度不完備，都紛紛跑到海外留學，地點往往會選擇和伊朗關係密切的美國。伊朗每年約七萬名留學生，有一半選擇去美國。諷刺的是，這些伊朗年輕人在美國學習到自由的思想，開始懷疑伊朗「絕對王權」的制度。

反彈的不只是貧困的人們與宗教勢力，就連伊朗國王身邊的貴族或富裕階層也一樣。

然後在一九七八年，人民的積怨爆發了。伊斯蘭教的聖地之一庫姆發生暴動，以此為開端，伊朗全境的反政府示威抗議漸漸擴大。反政府運動發展得難以收拾，巴勒維終於在一九七九年一月逃往國外。見此，原本逃亡國外的宗教領袖何梅尼隨即返回伊朗。結果，伊朗從一個由國王統治的王權國家，轉為由伊斯蘭宗教導師何梅尼治理的宗教國家。

此一伊朗伊斯蘭革命，大幅改寫全球勢力地圖。會這麼說，是因為正如前文所述，伊朗國王巴勒維和美國的關係非常密切。在出事之前，伊朗是美國在阿拉伯地區立足的重要據點。

但美國失去了這個據點。

而且，伊朗當時是全球第二大產油國。

由於革命的混亂，伊朗的石油出口近乎停擺，世界遭逢第二次石油危機。這次因為伊朗革命，造成石油價格約翻為三倍。

美國協助巴勒維國王逃往美國住院，因為他罹患癌症。伊朗革命軍對此震怒，於是襲擊德黑蘭的美國大使館，抓了六十九名大使館館員做為人質。雖然後來女性先獲釋，仍有五十二人遭監禁。歷經一年多時間，這些人質才總算透過交換人質而獲釋。

歷經這次的大使館挾持事件，美國與伊朗徹底決裂。在那之後，美國極度厭惡伊朗，甚至還稱之為「邪惡軸心國」。

美軍撤退，塔利班浴火重生

二〇二一年八月，美軍完全撤離阿富汗。

伊斯蘭主義組織「塔利班」控制了阿富汗絕大多數國土，美軍撤退後，就掌管阿富汗全境了。

美軍駐留阿富汗的期間長達二十年，公認是美國史上歷時最久的一場戰爭。美軍是有目的駐留阿富汗的。二〇〇一年九月十一日的同步恐怖攻擊後，美國認定塔利班勢力是伊斯蘭激進派恐怖分子的溫床，所以進軍阿富汗，除了掃盪塔利班，還扶植親美的民主政權。

然而，美軍派遣了最多達十萬人的兵力到阿富汗，卻還是沒辦法達成目的。為何阿富汗會被塔利班掌控？又為何世界最強大的美軍，會不得不撤離阿富汗？歐美與伊斯蘭世界之間，橫陳著一條深深的鴻溝。阿富汗就象徵著這一條大大的鴻溝。而形成的主要原因，其實是經濟。

在探討塔利班的故事之前，先說明一下阿富汗這個國家。

阿富汗是一個外部勢力難以控制的地區。它位於亞洲西端，西鄰中東的伊朗，面積約為六十五萬平方公里，是日本的約一．七倍，國土有四分之三是山地。

阿富汗在上古時期受到亞歷山大大帝統治，中世紀則受到蒙兀兒帝國（Mughal Empire）統治。十八世紀中期，以普什圖人（Pashtun，即阿富汗人）艾哈邁德沙．杜蘭尼

（Ahmad Shah Durrani）為王的杜蘭尼王朝興起，為現在的阿富汗打下基礎。

進入現代後，歐美列強曾把觸手伸向阿富汗，但都未能使其屈服。

十九世紀時，英國一度想統治阿富汗，但遭到阿富汗人民激烈抵抗，未能得逞。雖然阿富汗被列為屬地，但阿富汗人民向英國挑起戰爭，希望能獨立，終於使英國在一九一九年承認阿富汗獨立。這是在亞洲與非洲多國紛紛獨立之前的事。

二戰後，阿富汗仍是君主制國家，但到了一九七三年，查希爾沙（Mohammad Zahir Shah）國王出訪歐洲時遭逢軍事政變，阿富汗就改為共和制了。

一九七八年，阿富汗發生重大政變。受蘇聯影響的人民民主黨建立了共產主義政權。但共產主義基本上不認同宗教。因此，伊斯蘭系的阿富汗人民為了反對人民民主黨而展開武力鬥爭。接著蘇聯以軍事介入，也就是史稱的「蘇聯入侵阿富汗」。

以沙烏地阿拉伯為中心的伊斯蘭國家，群起支援伊斯蘭系的武裝集團。他們把這場抵擋入侵的行動，定位為守護伊斯蘭教的「聖戰」，並呼籲全世界的伊斯蘭年輕人參加義勇軍。於是，蘇聯入侵阿富汗，變成了一場「伊斯蘭社會對共產主義」的戰爭。

美國為了阻止阿富汗落入共產圈之手，而支援阿富汗人民。所以，當初美國的立場是支援伊斯蘭教人民的。

蘇聯入侵阿富汗一事，凝聚了伊斯蘭教教徒的精神。共有來自三十五個伊斯蘭國家的兩萬五千多名年輕人，一起參加這場「聖戰」

不過，這些人不一定是堅毅的伊斯蘭主義者。有些人是工作沒著落，也有許多人只是懷抱年輕人的那種「只是想做些什麼」的精神。以結果來說，蘇聯入侵讓這些年輕人全都變成堅定的伊斯蘭主義者。參加過「聖戰」的年輕人，在戰爭期間，已經被徹底灌輸了「伊斯蘭主義」。戰爭結束時，他們已經成為鋼鐵「伊斯蘭主義者」了。

蘇聯入侵與伊斯蘭激進派

一九八九年，根據美國與蘇聯的協議，蘇聯軍隊自阿富汗撤退。

曾當過伊斯蘭義勇軍上戰場、來自阿拉伯或東南亞的年輕人們，包括菲律賓民答那峨島、馬來西亞、葉門，以及蘇丹，都各自回到他們的母國。這些協助抵擋蘇聯入侵阿富汗的伊斯蘭小伙子，或稱「阿拉伯阿富汗人」（Arab-Afghans），成了大家眼中的英雄。

這些人回到母國，被來迎接的伊斯蘭教徒奉為領導者，其中不乏有人轉為激進派。在蘇聯入侵阿富汗一役後，伊斯蘭激進派的行動開始在菲律賓民答那峨島、馬來西亞、葉門、蘇丹等地方變得熱絡，這就是主因。換句話說，抵擋蘇聯入侵阿富汗一役，催生出了伊斯蘭激進派。

其後，阿富汗當地仍持續內戰。阿富汗有軍閥，在各地私設軍隊。這些私人軍隊在蘇聯入侵阿富汗時，發揮了強大的力量，是與蘇聯對抗的強力組織。蘇聯撤退後，私人軍隊卻是阿富汗紛亂的重要原因。這些私軍變成各自獨立的武裝勢力，彼此要爭奪阿富汗的霸權。

塔利班就是在這時嶄露頭角的。

講到塔利班，許多人的印象都是一個藏匿賓拉登、或破壞巴米揚大佛的狂熱伊斯蘭組織。

這不過是其中一種層面。

塔利班在剛成立的時候，相當受到全體阿富汗國民歡迎。塔利班起源於一九九四年的自設義警組織。當時為對付山賊，阿富汗南部一個伊斯蘭教的神學學校（madrasa）自設了義警組織，由大概二十名學生組成。「Taliban—塔利班」這個字是複數形的「學生們」，原本的單數形是「talib」，意思是「學生」、「求道者」。

當時，巴基斯坦政府會用卡車運送生活物資到土庫曼，但不時有山賊襲擊卡車。後來，這個由伊斯蘭神學學校的學生們組成的義警組織，將山賊擊退，還上了新聞，使得塔利班的人數爆發性地增加，一個月後變成兩千人，幾個月後變成兩萬人。

蘇聯撤軍後，阿富汗有許多武裝勢力，呈現群雄割據的局面，掠奪與強姦的刑案層出不窮。但塔利班卻有嚴格的軍規，對待居民也很親切，因此各地居民都視他們為拯救人民的解放軍。一些老兵或失業的年輕人，全都加入了塔利班。

塔利班擊退山賊之後，還殺雞儆猴地處死了其中幾名，將遺體放置於城鎮中心，示眾數日。山賊們深受衝擊，紛紛投降，於是他們很快就鎮壓住邊境一帶了。

塔利班能拿下這種戰果，原因之一在於他們有充實的軍事裝備。塔利班有日本製的四輪驅動車，裝載機關槍或火箭彈發射器之後，可以高速前往平時難以到達的山地。塔利班和其他武裝勢力比起來，擁有壓倒性的軍事力量。

資料顯示，塔利班自舉兵以來，才短短半年就配備了戰車兩百輛、各式大炮、Mi-2直升機六架、米格23噴射戰鬥機十架，人員也從兩萬成長為兩萬五千人。

也因此，一開始就有人懷疑，「塔利班是不是接受巴基斯坦的援助」？巴基斯坦當然否認這種說法。

塔利班為何能擁有如此充實的軍事力量，到現在都還是一個謎。他們起初的目標是要鎮壓山賊等對手的武裝勢力，並一口氣掃蕩共產主義勢力。最後，再宣示自己是維和部隊。

塔利班雖然會接受投降者加入，但對於擾亂治安的武裝勢力、山賊等集團卻是毫不留情。一九九六年，塔利班控制了阿富汗的首都喀布爾，實質上成為阿富汗的新政府。

阿富汗人民為何支持塔利班？

塔利班急速擴大的原因，有部分是它得到了阿富汗人民的支持。

人民為何要支持塔利班？在伊斯蘭教國家，神職人員備受市民的尊敬。伊斯蘭教學校裡的學生稱為塔利班，他們是未來的神職人員，也是普遍受尊敬的對象。他們為了義理而起身，自然獲得多數的市民支持——要說理所當然，還確實是理所當然。

先不論其政治主張，塔利班會吸引人民的支持，是因為它的目標是恢復治安。塔利班的士兵不會偷搶，在政治上也少有貪腐。這些都可以列舉出來。

阿富汗社會混雜了共產主義與部族習俗。前者來自之前的政權，後者則是自古流傳下來的。

在部族社會中，常是由部族首領決定如何分配部族內的收入（收穫等等）。收入如果來自農業與畜牧，那分配上通常不會有太大問題。但到了現代，問題就出現了，從國家稅收到國際的援助金等，有分配權的多半都還是部族首領。

一旦部族首領（有力人士）獨占所有、或中飽私囊，基層的民眾就沒有份額。公務員或士兵的薪資也被壓到很低。這種狀況使阿富汗人民日益不滿。

但塔利班比較少有這種問題。只要是塔利班的士兵，任何人都能領薪資。塔利班固然保有部族習俗，但沒那麼嚴謹，反而身為神學士的使命感比較強烈。

因此，阿富汗人民支持塔利班，年輕人也呼朋引伴加入塔利班。

賓拉登害到塔利班

談到塔利班，許多人的印象都是一個遭到國際孤立的政權。

但塔利班政權並非一開始就遭到國際孤立。

沙烏地阿拉伯、鄰國巴基斯坦，以及阿拉伯聯合大公國——這三個國家原先是承認塔利班政府的。美國也是，在塔利班政權剛上台時，不但表示「這是阿富汗人民意志的表徵」，承認了塔利班的政府地位，還表明雙方有恢復外交的可能性。

不過，許多問題浮上檯面之後（女性人權問題，以及迫害除了普什圖人以外的其他民族等問題），塔利班開始受到國際的譴責。

塔利班的焦點在於忠實守護伊斯蘭教。因此，伊斯蘭社會的古文化，像是拷問罪犯或歧視女性等舊規矩，塔利班全都繼承下來。他們也會執行公開處刑。一九九六年二月，有兩名殺人犯，在兩萬名觀眾眼前讓被害者的父親開槍打成蜂窩。另外，塔利班也有直接吊在起重機上私刑，或是用斧頭砍掉手腳的殘忍刑罰。

他們不但禁止女性工作，還不讓女性進入學校讀書。想爭取權益而示威抗議的女性，遭到塔利班的毆打。他們規定女性外出時，必須用「波卡」（罩袍）包住全身，而且不能自己出門，一定要有男性親屬陪同。由於阿富汗不斷有內戰，寡婦的人數還不少。有些女性沒有男性親屬可以陪同，結果連出門都沒辦法。據說這種狀況發生頻繁。

塔利班這種無視人權的特質，不時會遭到國際社會的批判。但他們也不是完全忽視。當外界批評他們廢止女性教育時，他們回應：「由於內戰期間沒有建設完整，所以先暫停。等內戰結束，可以確保有男女分開的學校、教室或老師之後，我們會重新實施女性的教育。」

不過，國際社會不接受塔利班的說詞。

至於塔利班被孤立的關鍵到底是什麼？答案是一個人物，那就是賓拉登（Osama bin Laden）。

一九九六年五月發生的一件事，將大大影響塔利班的命運。賓拉登進入阿富汗。塔利班跟賓拉登並沒有太深的交情，只是因為塔利班內部有蓋達組織的阿拉伯義勇軍參加，所以視賓拉登為客人，准許他住在塔利班的統治區域。

但賓拉登將為塔利班帶來大災難。因為，他打算對整個世界發動恐怖主義戰爭。而塔利班卻沒有這種野心。當時的塔利班，最大的目標在於追求本國的安定，以及讓塔利班政權受到國際承認。

一九九九年七月，美國懷疑賓拉登和幾起恐怖攻擊有關，要求塔利班把他交出來。但塔利班的最高領導人歐瑪（Mullah Mohammed Omar）認為賓拉登是座上客，不答應交出賓拉登。在塔利班上台的當初，美國還展現出「能夠理解」的態度，但塔利班如此回應，美國對塔利班的態度突然冷淡了。

一九九七年夏天，賓拉登呼籲伊斯蘭教徒一起參與反美、反猶太的聖戰。美國等歐美國家於是產生強烈的警戒感。一九九八年二月，賓拉登又宣告「不管任何美國市民，都可以攻擊」。塔利班對這些發言很困擾，於是向賓拉登抗議。賓拉登接受了，答應今後只要人在阿富汗，就不會向全世界挑釁。

一九九八年八月，肯亞與坦尚尼亞的美國大使館，發生了自殺式的炸彈恐怖攻擊。美國再度要求塔利班協助引渡賓拉登。塔利班最高領導人歐瑪以「並未簽有引渡罪犯的條約」、「賓拉登是我們的客人」為由，拒絕交人。

後來，美國發射飛彈攻擊坎大哈近郊的基地。塔利班為了報復，殺害一名義大利的聯合國職員。為此，聯合國從阿富汗撤走所有援助機構。同年十月，美國要求塔利班讓賓拉登離境。塔利班則請美國在一個月內提出賓拉登是犯人的證據，但美國拒絕。

至此，過去幫塔利班說話的沙烏地阿拉伯，也要求塔利班交出賓拉登。但因為塔利班不答應，沙烏地阿拉伯於是召回駐阿富汗大使。

美國使出經濟制裁，凍結與塔利班相關的在美資產，除人道物資以外禁止出口。世界各國都跟進了。阿富汗因內戰而凋敝，原本仰賴世界援助，經濟卻因此大為惡化。

塔利班的外交努力走錯了一步

塔利班在這個時期沒有選擇走上國際孤兒的道路。為了獲得國際的承認，他們仍持續努力。

一九九九年十二月發生了一個案件：伊斯蘭激進派人士劫了一架印度客機，強行要求降落在阿富汗的坎大哈國際機場。這次，塔利班拒絕讓劫機犯逃入阿富汗，也明白向劫機犯表示，如果傷害乘客，將強行攻堅。

此外，釋放人質等跟劫機犯的談判，塔利班都全權交由印度政府與國際機構處理。嫌犯要求釋放被拘留的同伴才願意釋放人質。印度政府當時對於塔利班遵循國際法的行動表達謝意。

二〇〇〇年一月，塔利班與巴基斯坦簽下取締走私協定，成為兩國進行健全經濟交流的踏腳石。另外，自二〇〇〇年一月底，塔利班的外交部次長走訪丹麥、瑞士、比利時，以及荷蘭等歐洲國家，請求各國承認塔利班政府，給予經濟支援，以及解除經濟制裁。

塔利班的積極外交奏了效，瑞典派政府開發援助（ODA）代表訪問阿富汗，對於承認塔利班一事表現出積極的態度，還答應給予一千萬美元的人道援助。日本也提供十萬美元給在阿富汗的非政府組織。

不過，塔利班在這一波積極外交中，犯了一個大錯。

那就是承認車臣是一個獨立自主的國家。

車臣是一個很想從俄羅斯獨立，不斷發生紛爭的地區，也是一個堪稱俄羅斯罩門的地區。雖然塔利班和車臣沒有深厚的關係，但同為伊斯蘭教，又同樣苦於不受國際承認，於是同病相憐，出於同情承認了車臣。

再者，當時塔利班廣為招募伊斯蘭教徒成為義勇軍，也有些人是從車臣來參加的。因此，塔利班也覺得欠了車臣人情。

誰知道，塔利班這竟是在自掘墳墓。俄羅斯相當憤怒。一直以來，俄羅斯對塔利班政府都沒有太大的興趣。至此，俄羅斯突然提出，要和美國一起強力制裁塔利班。

二〇〇〇年十二月，聯合國安理會採納了一項決議：塔利班必須在一個月內要求賓拉登離境，否則就發動進一步的制裁。進一步制裁，即禁止塔利班高官前往海外，所有塔利班的海外辦事處也都必須關閉。這麼一來，塔利班無法再爭取國際承認、也無法致力於外交。他們就像是被綁住四肢一樣。

一個月後，制裁發動了。

又過了一個月，憤怒的塔利班破壞了巴米揚大佛。這件事衝擊了全球。雖然報導都指責狂熱派伊斯蘭政權，但背後有其緣由。

到了隔年，塔利班又發生了致命的事件。

二〇〇一年九月十一日，美國遭到同步恐怖攻擊。美國斷定賓拉登是主使，要求塔利班把人交出來。

唯獨這次，塔利班知道茲事體大，無法再庇護賓拉登，於是在九月二十日，決定讓賓拉登自發性出境阿富汗。

但美國這次堅決要求把賓拉登交出來，塔利班面對美國的強硬反應，態度也跟著反轉，拒絕交出賓拉登。為此，美軍展開空襲阿富汗，決定要消滅塔利班。

阿富汗和歐美打得難捨難分

二〇〇一年十一月，阿富汗的首都喀布爾被美國與多國籍部隊攻陷，塔利班政權垮台。同年十二月，卡爾扎伊臨時政府成立。

二〇〇四年十二月，卡爾扎伊正式就任為阿富汗總統。新政府宣示的目標包括：

維持治安穩定、跳脫毒品經濟、掃盪貪腐，以及建設新生阿富汗等等，並請求國際社會給予支援。

但阿富汗是一個由多達二十一個民族組成的複雜國家。貧富差距嚴重，又缺乏國家的統合力，卡爾扎伊總統的公開承諾遲遲難以實現。

塔利班有機可乘，又復活了。塔利班的策略始終都是打游擊，還經常採取自殺炸彈攻擊，讓多國籍部隊很頭痛。

塔利班成員在白天時就混進人群，多國籍部隊就算想攻擊，也不知道他們在何處。所以阿富汗在白天，幾乎是由阿富汗政府軍與多國籍部隊掌握。

而到了晚上，塔利班會在勢力範圍內四處設置攔檢站，控管民眾的進出。若有軍用車輛通過，就搶走上面的物資等。此外，塔利班還會綁架協助政府或多國籍部隊的人，像是警察，以及外國的非政府組織成員等，偶爾為了殺雞儆猴也會斬首。

二〇〇六年十二月，他們處決了二十六名市民，將無頭的遺體吊在樹上。他們在一旁放了警告信，寫著「幫助多國籍部隊或外國團體者，格殺勿論」、「想埋葬這些遺體者，也格殺勿論」，當地居民因為害怕，就這樣把遺體丟著不管。

不過，在背後支持塔利班活動的資金，到底從何而來？

外界原本認為這是源自蓋達組織等伊斯蘭勢力的捐贈，或是巴基斯坦政府的援助。但蓋達組織已遭國際社會緊密盯住，巴基斯坦也和塔利班分道揚鑣，照理來說，塔利班的資金應該已經大幅減少。

外界判斷，他們可能是透過綁架外國人籌措資金，並用於支應軍餉，以及購買武器。雖然不清楚勒索的金額，但據信應該在平均每人數萬到數十萬美元。二〇〇七年七月，二十三個韓國人的綁架案贖金一共是兩千萬美元——這是塔利班的幹部告訴路透社記者的。

從塔利班在軍事上的完備程度來看，可想見資金來源不止於此。有資料顯示，應該還是源自蓋達組織等全球的伊斯蘭主義者。畢竟也有不少伊斯蘭主義者，因為中東出口石油而掌握了龐大的資產。蓋達組織的賓拉登，就是沙烏地阿拉伯的財團家出身。

國家有難，給了塔利班壯大的機會

阿富汗有多個嚴重的問題，包括失業、貧困、教育匱乏、毒品、政客腐敗等。這給了塔利班抬頭的機會。

另外，阿富汗是全球最大的毒品生產地，據信占了全球罌粟栽培量的八成，鴉片生產量的九成。

阿富汗的農業發展落後，灌溉設施不完整。因此，耐旱的罌粟對阿富汗農家來說，一向都是救命索。罌粟的栽培在阿富汗甚至算是傳統農業，不少農家早在半世紀之前，就開始以種罌粟維生了。農家索性繼續種植罌粟，因為和其他作物比起來，種罌粟的收入較高，

在內戰激烈的地區，種植罌粟至今都很興盛。由於戰鬥從不停歇，務農難有外界支援，農家不可能隨意停耕。這也是因為，毒品交易在檯面下主宰著阿富汗的經濟。

塔利班之類的反政府勢力，能在阿富汗這麼活躍，關鍵在於年輕人的失業問題。

除了農業，他們沒辦法選擇什麼像樣的產業。一旦解散塔利班，等於是把大批年輕人丟到社會上。他們沒工作，也無所事事，所以依舊回到塔利班。待在塔利班，至少「食衣住」都有保障。

在內戰頻繁的地區，以及反政府勢力強大的地區，自然而然伴隨著失業與貧困問題。要結束內戰與紛爭，勢必得處理這兩項關鍵。

最讓阿富汗人民失望的，莫過於政客的腐敗。塔利班政權在二〇〇一年垮台之後，有力人士的貪污腐敗就已層出不窮。

例如，在阿富汗首都喀布爾的高級住宅區西爾波地區，有個原本是國軍駐紮地的地方，但只限前總統卡爾扎伊的親戚、或政府高層等少數人士才能入住，而且每戶價格為三萬美元，遠遠低於市價。這個地區有外資企業與聯合國組織等等入駐，讓卡爾扎伊身邊的人賺到了龐大的不動產收入。

二〇〇八年一月，一名塔利班司令官接受英國ＢＢＣ電視台訪談時，說了這些內容：「我被阿富汗政府監禁過，但付了一萬五千美元給國家保安廳的官員，我就恢復自由之身。其實已經是第三次，我在二〇〇四與〇五年也是用賄賂離開監獄。」

二〇〇八年四月二十四日的《紐約時報》報導，在阿富汗的瓦爾達克州，大家以為有一千一百位警察，後來才發現只有四百人，多出來的薪資都被當地官員私吞了。

也有一部分的阿富汗人因為痛恨這類貪腐情事，才轉為支持塔利班。根據日本外務省前國際情報官進藤雄介的《塔利班的復活》（タリバンの復活）一書，塔利班給士兵的待遇，不只是每天的飲食和住處，還有每日十美元左右的零用錢。

阿富汗的警官或國軍士兵的每月薪資約為八十美元，還不到塔利班士兵的三分之一。阿富汗的低薪問題，出於國家經營不善，國家稅收、國際援助款都流入政客與有力人士的手中，沒有真的發給底層的官員與士兵。

相對地，塔利班的錢財與資金則會交到所有基層士兵的手上。這可以說是塔利班能復活的最大原因。

至於全球各地頻繁發生的狂熱伊斯蘭主義者的恐怖攻擊，追根究底，原因依舊是貧困問題。

第五章

日本經濟回不去？一代強國的死路與出路

昔日的亞洲巨人為何一蹶不振？
逐一檢視影響日本經濟的底層原因

柏林圍牆倒塌，導致日本泡沫經濟破滅

日本經濟從一九九〇年代的泡沫經濟破滅後，進入了一條漫長的隧道。

這三十年間，確實有些時候景氣還不錯，但人民的生活沒有改善，反而不斷走下坡。

隨之而來的是，日本在全球經濟上的地位大為降低。根據國際貨幣基金組織的統計，一九九五年日本的人均ＧＤＰ是全球第三高，但到了二〇二〇年，日本掉到第二十四名，比香港、新加坡、卡達還要低。

此外，最近經濟合作暨發展組織也發表了一項震撼日本的數據。根據二〇二〇年的調查，發現日本人的薪資低於韓國。日本的平均薪資，在經濟合作暨發展組織的三十五個會員國中排名第二十二，比第十九名的韓國一年少了三十八萬日圓左右。[1]

而且，經濟合作暨發展組織的這項薪情調查還不是名目薪資，是「購買力平價」，意思是「用那些錢可以買到多少東西」的金額。

所以這樣的結果，不只反映出名目薪資，也反映了該國的物價。因為比較的是「各國薪資的購買力」。

日本人比韓國人的生活，有三十八萬日圓那麼多的差距。

另外，日本近年貧富差距擴大、貧窮率增加的問題都很嚴重。同樣是來自經濟合作暨發展組織的調查，日本兒童的貧窮率，是四十二個國家第二十一高的。至於單親家庭的貧窮率，日本排名第三高，僅次於韓國和巴西。從全世界來看，日本因為高貧窮率已經堪稱「貧窮大國」了。

「泡沫經濟破滅」是日本低迷的始作俑者，其實和柏林圍牆倒塌大有關聯。

「為什麼歐洲那裡發生的事，會影響到日本經濟？」

「柏林圍牆倒塌，應該和日本的泡沫經濟無關吧？」

很多人應該會這樣想吧。但柏林圍牆倒塌（或說是多個共產主義國家的垮台）真

1 編注：約為新臺幣七．八七萬元。

的對日本經濟造成很大影響，也是泡沫經濟破滅的原因之一，毋庸置疑。

我們接下來將探討二戰後日本經濟的演變，並好好說明來龍去脈。

二戰後的日本經濟靠的是「鐵」

如讀者所知，日本在二戰之後以出口做為急速復甦的原動力。最大的貿易對象，自始至終是美國。

二戰之後，「駐日盟軍總司令部」（GHQ）在日本實施占領政策，他們當初其實不希望日本馬上復甦，最大的使命反而是「讓日本無法再與美國交戰」。

所以，駐日盟軍總司令部要求日本廢除武器產業，也限制了重工業與船舶的數量。日本重工業的生產能力，也被壓低到僅夠因應國內需求的範圍。而且，標準值只有昭和五年（一九三〇年）的三分之一。

另外，戰後近一年期間，日本實際上被駐日盟軍總司令部禁止進出口。日本想進口原本就不足的糧食，不行。想從國外買進物資再出口，也不行。狀況就是如此。當然，人民的生活被戰爭蹂躪，早已陷於嚴重糧食不足，便因此更苦了。

不僅如此，駐日盟軍總司令部甚至早已擬定了計畫，要把日本的重工業設施搬遷到東南亞國家，做為戰爭賠償。日本的鋼材生產設備幾乎沒有戰爭損失，敗戰時仍維持著戰前的水準，約有一千一百萬噸的生產能力。駐日盟軍總司令部原先構想，把其中相當於九百萬噸生產力的設備移至國外，在日本只留下大約兩百萬噸的生產力。

當時真的這麼做的話，日本的戰後復甦應該會慢很多。但駐日盟軍總司令部的方針，在二戰結束的隔年，也就是昭和二十一年（一九四六年）有了大幅度的轉換。因為冷戰開始了。美國與蘇聯發生對立，蘇聯在東歐各國扶植共產主義政權，逐步擴大勢力範圍，甚至還想把勢力擴展到中國大陸與朝鮮半島。

對此有強烈危機意識的美國，於是希望日本早點復甦，好在亞洲建立起抵擋共產主義圈的防波堤。

根據一九四八年十月下達的美國國家安全保障會議的第十三號指示，上頭寫著，「視日本為美國的友好國家，強化其經濟與社會面」。換句話說，美國改變方針，從原本要打壓日本經濟，變成盡可能讓日本恢復與強化經濟。

而且，朝鮮半島被一分為二，一邊是美國的勢力範圍，另一邊是共產主義的勢力範圍，戰爭隨時會一觸即發。

駐日盟軍總司令部不但容許日本復甦，甚至想把日本變成軍需工廠。

為此，必須盡早恢復日本的製鐵業——由於這個產業直接影響軍事能力，駐日盟軍總司令部原本的角色應該要阻止日本恢復。但對美國來說，蘇聯的威脅迫在眉睫，已經沒辦法再談什麼「日本萬一活過來很危險」了。

日本用出口痛擊美國

其後，日本經濟開始爆炸性地復甦與成長。繼鋼鐵與化學纖維後，電器產品與汽車也開始向美國展開出口攻勢。相對地，美國的對日貿易出現赤字，而且金額還不斷膨脹。

為何日本產品在美國市場表現如此強勁？首先，是拜匯率之賜。美元與日圓的匯率，在二戰後固定在一美元兌三六〇日圓。這是依據日本受戰火損害後的經濟力而設的，比日圓本來的實力要便宜許多。

再者，當時日本的人事成本比美國低廉，和現在的中國一樣，因此當時日本產品在美國市場有很強的競爭力。

一九七一年時，美國的對日貿易赤字是三十二億美元。美國該年的貿易帳為二十九億美元的虧損，換句話說，美國跟其他國家的貿易帳，扣除日本之後差不多就是零。美國對日的貿易赤字，差不多就是整體貿易赤字。

美國和其他國家的進出口都可以平衡，只有對日本的貿易是慘輸。

如前所述，一九七一那一年，美國不再接受美元兌換為黃金。二戰後的國際金融體制「布列敦森林制度」（Bretton Woods System）已經垮掉。所以我們可以合理解讀為：「正是日本的出口攻勢，逼得美元停止兌換黃金，並讓二戰後的國際金融體制崩潰」。

不過，日本是二戰的敗戰國，為什麼美國對日本會慘輸成這樣？為什麼美國沒有強勢出手，讓日本的出口減少？

這一點，和東西兩陣營的冷戰大有關係。美國與蘇聯為首的共產陣營正在冷戰，為了不讓各國被拉進共產圈，他們一直在世界各地提供經濟與軍事支援，和蘇聯的軍備競賽逐漸白熱化。

此外，畢竟日本是盟友，美國無法出手那麼重。要是日本和蘇聯搭上線，被納入共產主義陣營的話，事態就嚴重了。

所以，就算日本的出口爆增，導致美國經濟大受打擊，美國也無法以強硬的態度對待日本。

所得倍增計畫創造了高度成長

有個事件象徵著日本的高度成長期，即「所得倍增計畫」。顧名思義，這是一個讓國民的所得倍增的經濟政策。也就是說，這個政策的重點是讓國民的口袋賺得飽飽的；這項方針造就了日本的經濟成長。

昭和三十五年（一九六〇年），由日本首相池田勇人所公布的所得倍增計畫，目標是要在十年內，讓國民所得翻倍為二十六兆日圓。[2]

其實，所得倍增計畫在公布時，連經濟學家和知識分子都很有意見，批評是「胡說八道」。日本在戰爭中敗陣，還受了重傷，窮得可以，怎麼可能開創出這種奇蹟般的經濟成長？

這種憂慮也無法改變事實，後來的日本經濟真的創下超乎預期的成長，國民所得才七年就翻倍了。

擬定這項計畫的人，是一個叫下村治的經濟學家。

昭和三〇年代前半的日本社會，正經歷二戰後的民主化，是群眾運動與勞工運動最為激烈的時期。那時的媒體或社會輿論，都傾向「批判企業與資本家」。經濟學家

2 編注：約為新臺幣五・三八兆元。

們也走這種路線，只會聚焦在如何把錢從資產階級（Bourgeoisie）弄到勞工手中，而不是「經濟成長」這種東西。

下村治卻的想法卻是：「現在的日本，從上到下都很窮。企業與資本家也一樣，並不那麼有錢。但日本還是有很多優秀人才，只要能復甦，便能預期有大幅的經濟成長。」

於是，他擬出了「所得倍增計畫」。

池田勇人與下村治的想法，了不起的地方在於，他們把「所得」列為第一目標，藉以讓經濟成長。「只要國民收入增加，經濟就會變好。」這種思維固然單純，卻是用認真的態度研究不容易實現的議題。

沒錯，以「所得」為目標確實正中紅心。只要國民所得增加，消費也會增加。消費擴大又會促成經濟成長。也就是說，先讓所得增加，所得便會成為拉動經濟成長的火車頭。這就是他們的思維。

國民的所得增加後，也會消弭國民彼此的落差。二戰剛結束時，日本社會上出現一些激烈的勞工運動；但所得倍增計畫後，這些勞工運動的勢頭就弱掉了。因為各企業當時很花心思在員工的薪資上，盡量消除員工的不滿。

「企業要重視雇用，全力提升薪資」，「員工別搞什麼罷工」，在勞資雙方這種互信關係下，形塑出日本特有的「日本式雇用」。從高度成長期到泡沫經濟破滅為止，日本都秉持「國民的所得與企業的雇用，比什麼都還重要」的態度。

所以直到九〇年代初，日本的平均所得持續增加，也都能守住員工的就業。絕大多數日本人都覺得「我是個中產階級」，這樣的「一億總中流社會」終於到來。絕大多數人都認為自己是中產階級——這表示人民確實感受到，生活在一定程度上是豐足的。

日本在經濟橫掃世界的強勢時期，社會上幾乎不存在落差問題，人人都過著算是豐足的日子。

泡沫經濟破滅之後，日本就採取和過去完全相反的經濟政策。結果，新政策帶來的卻是沒有盡頭的沉悶，使日本的國際地位逐漸低落。

蘇聯瓦解，讓美國經濟奇蹟似地復活

美國經濟在八〇年代，因為軍備競賽與產業衰退而了無生機，這時卻有意想不到的幸運——那就是蘇聯與歐洲共產主義陣營的垮台。

一九八九年，德國的柏林圍牆倒塌，東歐的共產主義圈等同瓦解。到了一九九一年，連蘇聯也消失了。美國從而不再需要和蘇聯比賽軍備，可以大幅刪減軍費與支援他國的費用。

美國也就此成為世界唯一的超級大國。

東西冷戰的終結，大大改變了美國的對外政策。美國對外的態度轉為強硬，尤其是那些美國一直很關注的盟友國家，現在對他們變得強硬了。

日本就是個明顯的例子。

如前所述，在一九七〇年之後，美國苦於不斷累積赤字金額，貿易赤字也變成常態。最大的原因就是日本。因為美國的貿易赤字中，日本就占了七成。一九八七年，美國的對日貿易赤字將近六百億美元（約為十兆圓）。

繼續累積貿易赤字的話，美國搞不好會破產。美國懂這個道理，於是想到「那就來處理一下最大貿易赤字的日本吧」。

於是，美國就用「日美結構協議」這個會議來干涉日本。美國起初召開這個會議時認為，「為了縮小日本對美貿易的巨額黑字（美國視角的話，是對日貿易赤字），日本與美國都各自提出對方應該修正的事項」。

一九八九年，老布希總統敦促宇野首相之後，開始有了「日美結構協議」，到一九九二年為止共召開了五次。此前，雙方在各種產業都有過個別的修正談判，但雙方對於兩國的經濟社會與產業整體，指出彼此的問題點，這還是頭一遭。

雖然表面上是「兩國互相指出問題」，實際上當然主要還是「美國對日本提出問題點」。由於實力差距，這也是無可奈何。「我們來互相指出對方在經濟社會面的問題吧」。邏輯上來說，這應該算是一種「干涉對方內政」才對。

不過，美國一向都是強行提出他們的想法。要探討近代日本與美國的經濟關係，就不能忽略「日美結構協議」，它對現在的日本經濟影響甚鉅。

美國認為，對日貿易赤字是因為日本市場的封閉性。由於不公正也不成熟，美國的商品才進不去。所以應停止不公正之處，並讓日本市場展現出先進國家該有的成熟度。

美國在「日美結構協議」中的主要訴求有以下三項：

- 為了改善日本的儲蓄與投資平衡，日本政府應該進行大規模投資。
- 制定《大型零售業法》（大規模店舗法），重新審視流通制度。
- 改善土地政策。

此外還有一些項目，但美國真正強烈要求的只有這三項。日本對此提出了實際的修正方案。結果，因為政策的失敗，日本的經濟社會出現嚴重混亂，平衡於是被打破。

美國害怕自己被日本買光光

在日美結構協議中，美國強烈要求日本修正三件事。首先說明第一項，「為了改善日本的儲蓄與投資平衡，日本政府應該進行大規模投資」。

日本當時靠貿易賺了很多錢。但國民沒有拿這些錢去消費，而是累積在企業或金融機構。接著，日本企業與金融機構又拿著鉅額資金，到世界各地去搜刮不動產，或收購國外的知名企業。

最大的「受害者」就是美國。

一九八六年，三井不動產收購美國的埃克森大廈（Exxon Building）；一九八九年，三菱地所又買下洛克斐勒中心（Rockefeller Center）。

洛克斐勒中心這座複合建築位於紐約曼哈頓市中心，占地約八萬平方公尺、與十九座商業大樓相鄰。換句話說，相當於在兩個東京巨蛋大小的區域中，蓋起十九棟高樓大廈。而且，其中最高的康卡斯特大廈（Comcast Building，前GE大樓），還是座七十層、高二五九公尺的超高大樓。

洛克斐勒是美國大企業家，他運用財力在一九三〇年代開始興建這些建築群，象徵了美國的富足。這樣的建築卻被日本企業給買走——而且是單單一家企業就買下。

這讓美國人極度衝擊。

換個比方，就像是日本人看到東京車站附近的建築群（包括丸之內大樓）被一家外國企業買走。不，美國人的心理創傷搞不好比這還大。

同樣在一九八九年，索尼收購了哥倫比亞影業（Columbia Pictures）這家電影公司。哥倫比亞影業是美國代表性的電影公司，製作過《桂河大橋》（*The Bridge on The River Kwai*）、《阿拉伯的勞倫斯》（*Lawrence of Arabia*）、《站在我這邊》（*Stand by Me*）等電影。

電影是美國的主要產業之一，美國電影界有六大電影公司，哥倫比亞影業就是其中之一。這六家分別是「派拉蒙」、「華納兄弟」、「二十世紀福斯」、「環球」、「迪士尼」、「哥倫比亞影業」。

索尼收購哥倫比亞影業，也對美國人造成很大的衝擊。由於「電影」是無人不知的產業，這場收購戲碼就連不怎麼懂經濟的人都能理解，也使得更多的美國國民對日本反感。

順帶一提，洛克斐勒中心被收購依然持續虧損，三菱地所設立的當地法人後來破產，賣掉了建築群中的絕大多數。現在，三菱地所還持有的只有十九棟中的兩棟。至於哥倫比亞影業，現在仍是索尼集團的企業。

美國要求日本把錢拿去建設

「日本沒有把賺來的錢拿去有效運用」；「所以日本企業才會跑去買其他國家的企業或不動產，而消費依然沒有增加」；「要設法把日本的錢導向消費，多增加一些進口」。美國當時的想法就是如此。

他們的策略之一，就是要求日本「增加公共投資」。

日本明明已經是經濟大國，但國民生活的基礎設施、都市發展都還很落後。美國人認為，這可能就是日本人的消費上不去的原因。

確實，日本的基礎設施以及都市發展，和當時的先進國家相比算是落後。

例如，日本下水道的普及率，在一九八〇年代只有四成（現在約為八成），對當時的先進國家來說極低。日本花在住宅政策上的錢，在先進國家中也很低。那時候，有人如果不想付高額租金，就只能申請高額貸款買房子。公園的面積也是，跟先進國家的都市公園面積比起來，少得可憐。東京的人均公園面積，只有紐約或倫敦的幾分之一，遠低於韓國首爾，難看得可以。

此外，去歐美旅行過的人應該能了解，日本的都市景觀遜色許多。歐美的街景不管是在多鄉下的地方，都有該有的整齊，也有風情與格調。但日本的都市幾乎雜亂無章，看不到那種規畫過、畫面均衡的都市景觀。

京都的都市景觀，外界固然認為是世界性的美，但京都可是幾百年前就已經打造，說起來是歷史遺留下來的，並非近年都市政策的產物。

日本明明已成為先進國家，也是經濟大國，卻沒有什麼「都市政策」的概念。依然是那種亞洲風格的混雜式都市景觀。

日本沒有花錢在都市發展，雖然財力可觀，但並未用在本國，而是拿去其他國家搜刮不動產。所以美國認為「這樣不太好吧」。對此，美國盤算「日本只要完善民生的基礎設施，國民應該可以再增加消費」。

美國還有一個想法，就是讓日本增加公共投資，促使日本政府管好鉅額的日本資金。一九九〇年的日本政府未發行任何赤字國債，財政相當健全。但另一方面，當時的先進國家都有財政赤字的問題，尤其是美國，正處在史上最糟的狀況。而日本則是這些先進國家當中財政最健全的。

美國認為，日本的財政健全助長了日本資金的態勢。因為，日本發行的國債和其他先進國家相比低得多。政府若大量發行國債，企業與金融機構就會想買國債，做為保本資產。這麼一來，企業與金融機構的多餘資金會被國債吸收。

但在日本，由於政府不太發行國債，企業與金融機構的閒錢沒有去處，才會把多餘的資金拿去買美國的不動產——這是美國的解讀。

如果政府推動鉅額的公共投資，勢必得發行大量國債，也必須要增加稅收。這樣一來，應該能吸收掉那些企業與金融機構的錢，而在各國橫衝直撞的日本資金，應該也不會那麼強勢了——這是美國的想法。

日本發行巨額國債的真正原因

日本接受了美國的這個要求。

一九九〇年，日本時任首相海部俊樹公開承諾美國，將在十年內推動四三〇兆圓的公用事業投資。其後到了村山富市首相的內閣時，還上修到六三〇兆圓。

十年間每年六三兆圓，加起來就是六三〇兆圓。如此龐大的公共投資，為日本經濟帶來了極其嚴重的災難。

美國強迫其他國家做公共投資，當然有問題；但日本在公共投資的處理也是糟得可以。這些投資對日本經濟造成很大的損害，甚至可以說是泡沫經濟破滅後，導致長期不景氣與「失落的二十年」的主要原因之一。

為什麼公共投資會失敗？

首先是金額。六三〇兆圓很明顯有異常。

這個金額遠超過日本每年的GDP，是當時政府預算的十年份，也是當時社會安全支出的五十年份以上。這麼大一筆錢就丟給公用事業。

就算當時日本政府的財政再怎麼健康，也不可能耐得住這種負擔。想當然爾，日本不用過太久，就會陷入鉅額財政赤字的窘境。

現在日本的龐大負債，不折不扣就是當時的六三〇兆圓公用事業導致的。政府對於現在的龐大赤字國債，雖然辯解是「社會安全支出的增加」，但數字怎麼算都不對。當年的社會安全支出，一年才比十一兆圓多一點點。公用事業支出一年則是六十兆圓以上。任誰都可以一眼看出負債的原因吧？

丟到海裡的六三〇兆圓

而最愚蠢的地方，是這筆錢的用途。

其實，日本的公共事業很容易將稅金浪費掉。

那時，公用事業是政治人物眼中的肥羊（現在也差不多）。有實力的國會議員透過為地方爭取公用事業，來展現自己的政治手腕。藉此奪取政治獻金以及支持者——這種手法是政治人物好用的選戰策略。

那時，工程業者是政治人物強力的基本盤（現在還是有這種傾向），不但能拉票，也會提供政治獻金。

所以，日本增加了公共投資，卻往往不是用來造福人民，而是被政治人物與工程業者的利益消耗殆盡。就是這麼回事，日本那時真的如此，愚蠢地把多達六三〇兆圓的龐大資金，拿去打造一些根本用不到的蚊子設施，或是鋪設沒必要的道路，都浪費掉了。

這些公用事業耗費了巨資，卻對泡沫經濟破滅後的景氣沒有任何貢獻。說起來，公用事業本來就無法直接活絡經濟。地方如果爭取到，或許可以暫時提升經濟，畢竟有一大筆錢進來。所以乍看之下，會以為是一種提高景氣的方法。

但這種措施，並不是針對地方的經濟而實施。它只是暫時止痛，就像嗎啡一樣。

承包公用事業的工程業界都是金字塔結構，由頂端的大型業者轉包給承包商，承包商又往下轉包給次承包商。當然，大型業者拿最多，越往下分得越少。到了最基層的勞工，就只剩一點點碎屑了。

再者，公用事業的發包，往往跟政治人物或地方的有力人士有裙帶關係，結果無法讓全民受惠，只是讓特定人士一撈再撈。

公用事業支出並不能真正刺激景氣，也無法創造更多就業機會。而且，國家的體質一旦變成要仰賴公用事業，那就會離不開稅金，也就無法養成獨立自主的經濟力。

美國戳破了日本泡沫經濟？

其實日本泡沫經濟的破滅，原因之一也來自於日美結構協議。

在泡沫經濟當時，美國對於日本攀升的地價很不開心。在一九八九年十一月提出的美國對日要求資料中，就寫道：「日本地價高漲，國民被迫住在狹小的住宅，連要買一些家用產品都受到限制。這等於減少日本人的消費與投資，導致日本的經常黑字擴大。」

也就是說，美國認為日本人沒辦法住寬敞的房子，於是國民消費起不來，而背後原因是地價的高漲。從其他國家的角度來看，當時的日本人確實生活在很狹窄的空間，甚至還有人揶揄是「兔子住的小屋」。

此外，美國也很憂心日本的投機性熱錢。當時很多美國的不動產或知名企業被日本企業收購。這部分其實也是受到日本地價高漲很大的影響。

日本的大企業，多數都保有土地。而日本地價高漲，持有土地的企業的擔保價值就會增加。所以，高昂的地價大大提高了日本企業的未實現利益。結果使得企業要向銀行借多少錢都行。

於是日本企業運用豐沛的資金，積極在美國等地投資。前面提過三菱地所當年把洛克斐勒中心給買下，但除此之外，也持續有其他日本企業購併了美國企業。如果不壓低日本土地的價格，美國的重要土地與企業，搞不好就會被日本全部買光光。

美國連這種事情都開始擔憂了。

說起來，日本為何會發生泡沫經濟？

二戰之後，日本的土地依然不斷往上漲。日本企業在貿易中賺到的巨額資金，都先拿來買土地再說，而這樣又讓土地價格再往上漲。

只要土地的價格上漲，企業的資產價值就增加，彷彿不勞而獲。由於這種機制已經形成，很多企業反而為了這一點，才四處搜刮土地。

地價上漲，擔保價值便增加，使得銀行提供更龐大的融資，導致日本企業得到非常驚人的資金能力。這些錢有一部分投入股票，讓日本股市高漲；另一部分則流向其他國家，用於購買土地與企業。

日本的泡沫經濟，不只影響日本自己，也大大影響了世界經濟。因此美國才會為了壓低日本地價，提出幾項要求。主要是：

- 調漲地價稅。
- 市中心的農用地，比照住宅用地課稅。

簡單解釋這兩個要求：日本的固定資產稅，在先進國家中偏低。因為在日本持有土地的成本不高，所以企業會想持有。為了預防，日本政府應該調漲地價稅（固定資產稅），力求減少持有土地的利益。

此外，日本對於農地的稅金少得可憐，都市中心的農地也一樣，所以會發生一種狀況：在市中心持有農地的人，不想要出脫土地。

日本的土地本來就不多，如果市中心的農地又遲遲不開發，那附近能運用的土地受限，必然會讓地價上揚。只要比照住宅用地，調整都市地區的農地稅率，那出脫農地的人就會變多，應該可以化解市中心土地不足的問題。

美國的要求，用意就在這裡。

美國鎖定的目標絕對沒有錯。固定資產稅和國外比起來偏低、市中心地區留有許多農地——都是日本政治上長年無解的課題。再者，市中心一帶的地主通常是執政黨的基本盤，當局總是不好下手。

美國就是看穿這一點，才會逼迫日本做土地改革。

日本如何應對美國的要求？日本後來所做的土地改革根本不上不下，可說是「給美國面子，但沒改變問題的本質」。這種不上不下的土地改革，導致了泡沫經濟的破滅，也引發之後漫長的日本經濟低潮。具體來說，日本財政部當時對融資設置了「總量管制」，以防止地價高漲。

它的邏輯是，「銀行給企業太多的融資，讓他們購買不動產，才導致地價高漲，所以要限制銀行」。

結果，政府沒有改革固定資產稅，也沒有改革市中心地區的農地稅制，只用這種短視的方法來抑制高昂的地價，最終導致泡沫經濟破滅。

泡沫經濟破滅後，日本經濟嚴重不景氣，都市地區的土地不足問題也沒有改善，根本有害無益。

經濟失速，嚴重侵蝕日本勞工權益

泡沫經濟破滅後，日本在二戰後首度體驗到「經濟失速」。

在經濟失速的衝擊下，日本的經濟界使出了「禁忌手段」來轉換方向。包括「減少雇用正職員工」與「調降薪水」。

一九九五年，日本經濟團體聯合會提倡「要透過雇用的流動化來克服不景氣」，並稱之為新時代的「日本式經營」。

「雇用的流動化」說起來很好聽，實際上是說「辭退正職員工、把錢省下來找便宜的非正職員工——以此做為雇用原則，以壓低人事成本」。

對此，政府非但沒有阻止，反而成為幫兇。

一九九九年，政府修改《勞工派遣法》，原本只有二十六個業種可以起用派遣員工，修法後改成除部分業種之外，全面解禁。二〇〇四年，政府再次修改《勞工派遣法》，把一九九九年修法時排除的製造業，也解禁了。於是，絕大多數的業務，都變成可以起用派遣員工了。

製造業原本都是禁止勞工派遣的，為什麼？因為製造業有很多危險的作業，很容易發生職業災害。企業原本有義務要雇用正職員工，這一方面也是為了在職災時釐清責任歸屬。另一方面，製造業有淡旺季之差，如果允許雇用派遣員工，企業便可以

「隨意開除人」，勞工將難以有安定的生活。所以，一直以來都禁止製造業起用派遣員工。

在允許起用派遣員工後，想當然爾，製造業者就大量起用了。

《勞工派遣法》的修法，使得企業大量雇用非正職員工。到九〇年代中期為止，非正式雇用只占了約兩成，到了九八年急速增加，至今占比將近四成。這個趨勢也是造成社會落差與少子高齡化的一大原因。

非正式雇用不只是眼前的問題，未來也會面臨大災禍。

「全世界都不景氣，增加非正職員工也是沒辦法。」或許很多人會這麼想，但這不是事實。

在先進國家裡，只有日本的非正式雇用增加這麼多，至今增加為四成，狀況是先進國家裡最糟的。歐洲各國很保障勞工權利，法國的非正式雇用占比在兩成以下，英國與德國也差不多。就連競爭激烈的美國社會，非正職員工也只有三四％，約為四千八百萬人。

日本在先進國家裡格格不入。而且在日本，非正職員工的勞動條件很差，和正職員工的薪資落差很大，甚至連社會保險都沒有。

非正職加低薪是少子化的原因

非正式雇用的比例快速增加，也加劇了少子化現象。

應該有人不認同上述的論點吧，認為「未婚者變多，以及晚婚現象，都是個人想法的問題」。確實，這也是因素之一。然而從統計數據來看，現在的少子化問題有很大一部分是出自經濟問題。

以男性來說，正職員工的已婚率約為四成，但非正職員工的已婚率只有一成。男性派遣員工只有一成結婚，表示這些男性要結婚比較困難。日本男性畢竟收入還是要到達一定程度，才比較有辦法結婚，所以派遣員工結婚比例較低。

所以邏輯上，可以推論「派遣員工越多，未婚男性就越多，造成少子化加劇」。

現在，每三個勞工就有一人是非正職員工。其中的男性超過六百萬人，比二十年前還多兩百萬人。換句話說，在這二十年間，結不了婚的男人增加了兩百萬人。

日本正在以世界罕見的速度邁向少子高齡化。照這樣下去，少子高齡化日益嚴重，我們可以預見日本將逐步衰退。經濟再怎麼成長，若是下一代的人口日漸減少，國力必然會衰退。

對現在的日本來說，當務之急是防止少子高齡化，這比什麼經濟成長還重要太多了。

「一旦非正式雇用增加，結不了婚的年輕人會變多，少子高齡化也會加速」，這在理論上是理所當然，支持的數據也相當清楚。

日本企業全球最有錢，卻不給更多薪水

泡沫經濟破滅後，日本的股價一度跌到三分之一，種種狀況讓人覺得日本經濟受到重擊。但實際上，泡沫經濟破滅對於日本經濟的影響並沒有這麼大。

從九〇年代到現在，除了股價之外，其餘日本經濟指標完全算不上差。或者該說，平成時代算是「史上少見的繁榮時代」。

泡沫經濟破滅之後，日本企業的盈餘要不是持平，就是不斷增加，列出這三十年的數字來看，表現並不差。此外，在二〇〇〇年代，日本經濟刷新了經濟繁榮期的紀錄，許多企業都創下史上最高收益。

如圖表5所示，日本企業的經常利益，在短短十幾年內就從三一兆圓成長到八四兆圓。這很了不起，可以說相當亮眼。

而且，堪稱日本企業存款的「保留盈餘」在平成時期翻倍，現在突破四〇〇兆圓。日本企業手邊的資金（現金存款等）也突破三〇〇兆圓。

從經濟規模來看，這絕對是世界第一，沒有一個國家的企業積存了這麼多錢。美國企業的手邊資金固然是日本的一．五倍，但美國的經濟規模是日本的四倍。用經濟規模換算，日本企業的手邊資金是美國企業的二．五倍，超前全球第一經濟大國。

貿易帳也是，自泡沫經濟破滅以來，一直保持大約十兆圓的順差，在東日本大地震之後才變成赤字。雖然二〇一一年以來都是逆差，但如果計入「資本」在內的進出

圖表5：日本企業整體（不含金融與保險）的經常利益演變

年度	經常利益金額
2002年度	31.0兆圓
2004年度	44.7兆圓
2006年度	54.4兆圓
2008年度	35.5兆圓
2010年度	43.7兆圓
2012年度	48.5兆圓
2014年度	64.6兆圓
2016年度	75.0兆圓
2018年度	83.9兆圓

資料來源：財務省之法人企業統計調查

口（經常帳），日本在震災之後也都是順差。

世界上沒有任何一個國家，可以連續幾十年都保持十兆圓的貿易順差，而且幾十年的經常帳都一直是黑字。從國際競爭力來看，現在的日本依然是全球頂尖，毋庸置疑。

日本的外匯存底已經超過一兆四千億美元，是歐盟整體的四倍以上，金額驚人。以人均來看，等於每人有超過一百萬圓的外匯存底，是中國的三倍多，也是遙遙領先的世界第一。

日本的個人金融資產餘額，目前約為兩千兆圓。人均金融資產超越一千萬圓，是僅次於美國的全球第二。而且，美國的對外負債很多，日本卻沒有對外負債，反倒是世界上借外國最多錢的國家。日本的對外淨資產，約達三兆美元。日本還是世界第一大債權國。

明明這麼棒，為什麼日本社會還是彌漫著一種沉悶感？

答案其實很清楚，就是上班族的薪資下滑。

自泡沫經濟破滅以來，日本企業不只聘用非正職員工比例增加，連正職員工的薪資也一路下調。而且，政府還認同這麼做。根據《日本經濟新聞》的報導，若將一九九七年的薪資設為一〇〇，那麼二〇一七年的各先進國家的薪資的比較會如圖表6所示。

近二十年來，日本的薪資狀況是先進國家中唯一下滑的，幾乎算是「異常」的狀態。在這二十年間，日本企業一方面持續賺進高額收益，另一方面卻壓低薪資——給現在的日本社會製造了很嚴重的扭曲。

圖表6：先進國家的薪資比較

美國	176
英國	187
法國	166
德國	155
日本	91

資料來源：2019年3月19日《日本經濟新聞》的報導〈日本的薪情—上篇〉（ニッポンの賃金）

薪資下滑是日本經濟低迷的元凶

自泡沫經濟破滅以來，薪資下滑與非正式雇用的激增，都是日本企業在勒緊自己的脖子。對日本企業來說，日本的勞工也是很重要的顧客，只要他們的收入變差，就會直接影響到銷售。

這等同於國內市場正在萎縮。事實上，日本的消費確實在減少。

根據總務省的「家計調查」，二〇〇二年，一個家庭的平均家計消費超過三二〇萬；到了二〇二〇年，只略高於二八〇萬。先進國家中，在這二十年間家計消費減少的國家只有日本。

結果，明明企業收益很好，國內消費（國內需求）卻持續減少。在這種狀況下，景氣會低迷也是理所當然。

國民的消費減少，企業的國內銷售當然下滑。國內的消費減少一成，意思等同於國內市場縮小一成，是企業的一大打擊。

日本的消費沒增加，國內市場縮小，所以經濟變差。由於日本企業很努力持續衝高出口，GDP本身會微微增加；但成長率和其他國家相比明顯無力。

日本的人均GDP一再被其他國家超車，國際地位低落。

由於國內消費（國內需求）持續減少，企業為了維持收益，勢必得要跑到海外去賺。但日本一直以來都是出口大國，累積了鉅額的貿易黑字。現在有中國等競爭對手，要再增加出口極為困難。再者，就算有辦法增加出口，也可能會受到美國等國家的批判。

日本因為GDP的成長變差，在世界經濟的存在感也變低。最明顯反映出這一點的，是對於發展中國家的支援。

九〇年代後半，支援發展中國家最有力的就是日本。但現在在經濟合作暨發展組織會員國中，日本這方面只排第四，輸給美國、德國和英國。中國則因為缺乏數據沒有列入，但外

圖表7：日本經濟的惡性循環

企業收益明明很好，卻不調高薪資

↓

國內消費低迷，國內市場縮小

↓

經濟成長率低，GDP沒有擴大

↓

國民生活惡化，國際地位低下

界認為，中國應該是僅次於美國的第二名。所以日本已經掉到了全球第五名。

中國在亞洲和非洲的發展中國家裡有很高的存在感，日本相較之下卻在走下坡。照這樣下去（如圖表7所示），日本的國際地位無疑會越來越差。

日本現在就需要的「經濟循環」

日本現在的問題不是沒錢，而是有錢，卻沒讓錢流好好循環。勞工每週認真工作四十小時，但別提養家活口，就連自己都快養不活——世界上還找不到這種國家呢。

我希望日本的政治人物以及財經界人士，可以引以為恥。日本明明很有錢，卻連讓國民過好日子都做不到嗎？這就是我所說的，日本現在需要做的，就是從大企業和富裕階層那裡，把累積的錢拿出來，分配到缺錢的人那裡去。

這根本沒什麼特別的。身為先進國家，這不過關乎最低標準的薪資政策與雇用政策。

日本明明掌握全球一成以上的龐大財富，結果一億幾千萬人民的生活都無法滿足。希望執政者與經濟界的領導者，可以覺察這一種「經濟循環不良」。日本目前尚有經濟競爭力，資產上也還有餘力，如果不趁現在解決問題，將會在不久後的將來逐步失去經濟競爭力與資產。

說起來，日本的高度競爭力一直以來是誰撐起來的？

日本的高技術能力是許多受過良好教育的勤奮人民共同撐起。所以，若要維持競爭力，首先要整頓好環境，讓人民的生活過得去。此外，絕對別讓年輕人陷入「因為沒錢，無法升學」或「因為沒錢，無法結婚生子」之類的狀況。

一個國家只要善待企業，眼前的經濟指標會往上；但如果它敷衍應付人民的生活，從長遠來看，肯定會失去國力。

日本的下一代人口已經不多，如果連孩子的教育都做不好、原地踏步的話，日本沒多久就會失去國際競爭力——這個道理顯而易見。

第六章

全球經濟的走向

貧富不均、衝突加劇、還有環境危機，
未來的經濟政策，將決定人類社會的生死存亡。

新冠肺炎後的全球經濟

正如讀者一路看下來的，在世界經濟中，每個國家都面臨許多問題。

日本苦於嚴重貧富差距和高齡化；中國貌似急速成長、勢不可擋，其實背負著危及國家存亡的炸彈；美國以世界經濟的霸主君臨全球，實際上卻是一個何時破產都不奇怪的欠債大國。

歐洲、阿拉伯以及其他發展中國家都一樣，各自有懸而未決的重大問題必須面對。

近年，人類面臨著更重大的問題。

二〇二二年全球都處於新冠肺炎的風暴中。雖然疫苗已經開發，接種也在進行，但確診者依然很多，世界各地每天都有很多人死亡。

新冠肺炎對世界經濟也造成莫大傷害。首先，為消滅新冠肺炎，必須耗費巨額金錢，大大打擊了各國政府的財政狀況。

再者，經濟活動因為疫情大受限制，大大影響了各種企業與勞工。為提供救濟，政府又得花上巨額的金錢。很多國家原本就是財政赤字，為了因應新冠肺炎又多了鉅額的財政支出，可說是嚴重受創。

根據二〇二一年十月國際貨幣基金組織公布的數據，各國因應新冠肺炎的財政支出，高達一九〇〇兆圓。這個數字已逼近全球一年份的GDP。換句話說，世界各國政府因為新冠肺炎的負債，需要全體人類一年份的所得才能抵銷。

今後，恐怕會有國家必須課更多稅吧。不，應該很多國家都被迫這麼做。而且如果是財政狀況不佳的發展中國家，可能也會發生債務違約。照這樣下去，或許在疫情告一段落之前就會破產。

此外，政府就算財政支出如此龐大，還是有很多人仍在受苦。疫情期間有人因為政府的福利而受惠，但相對地，也有很多人備受打擊，甚至沒辦法繼續生活。

有人認為，新冠肺炎使貧富差距變得更大。

各國政府因實施貨幣寬鬆政策，金融市場一片活絡。美國紐約股市多次創下新高。日本東京股市也一樣，多次改寫泡沫經濟破滅以來的紀錄。

但另一方面，企業破產或裁員等情事卻不斷發生，許多人失去工作。疫情不知道多久才會結束。今後，為了重建世界經濟應該會需要更多的資金。

全球暖化與貧富差距

早在新冠肺炎之前，人類就面臨著好幾項全球規模的課題了。其中最具代表性的，就是地球暖化。

如讀者所知，地球的平均氣溫一直在上升。據科學家估算，自十九世紀末到二〇二〇年已經上升了攝氏一點多度，而且未來上升的速度還會加快。

我想，大多數成年的日本人都能親身感受到地球暖化。現在的夏天跟三、四十年前比起來，熱度已經截然不同。

在我小時候，每逢暑假小孩子都會去外面玩。那時，裝冷氣的家庭還不多。但近幾年，夏天讓孩子在外面甚至可能發生危險。而且冷氣幾乎變成日本多數家庭的必需品。家裡沒冷氣的話，可能會讓人中暑而死亡。每次遭逢熱浪來襲，我想很多人應該都會擔心，「再這樣下去，真不知道世界會變得怎麼樣吧？」

地球的溫度一旦上升，對人類的傷害不只是「夏天熱爆」，可以預期的現象包括南極的冰山融化，使得海平面上升，都對地球的環境有巨大影響。事實上，海洋國家吐瓦魯的陸地高處和海面只相差了四、五公尺，再這樣暖化下去，很可能就會沉入海中。他們已經遭遇了一些損害，像是前所未見的大浪來襲，諸如此類。

此外，貧富差距這個重大課題，也是現代世界要面對的。

根據國際人道救援團體樂施會（Oxfam）二〇一九年公布的數據，全球最貧窮的一半人口的財產加總，相當於全球前二十六名有錢人的財富加總。這表示，區區二十六個有錢人，就獨占了相當於全球三十八億人的財富。

而全球財富的四成，都掌握在區區百分之一的人手中。富有階層的比例每年都在提高，表示貧富差距也在年年擴大。

法國經濟學者皮凱提（Thomas Piketty）在研究中發現，「自十八至二十世紀，貧富差距一直在擴大，只有二戰後到一九九〇年左右，貧富差距傾向縮小。但在九〇年代後，貧富差距又開始急遽擴大」。

尤其在經濟成長停滯的先進國家，企業股東照樣累積財富，賺得遠超過那些勞工應得的。加上新冠肺炎疫情，相信貧富差距只會更加擴大。

借更多錢，才能推動全球經濟循環？

另外，世界經濟還有一個莫大的課題要面對。

那就是，美元這個欠債大國美國的貨幣，依然是世界的基礎貨幣。我們在第一章討論過，世界經濟的交易目前常使用美元，但美國卻是世界第一欠債大國。這種狀態對於世界金融可說是十分危險。

不過，就算真的改用歐元或人民幣做為基礎貨幣，也必然無法改善目前體系「美元＝世界的基礎貨幣」帶來的缺陷。因為，美國的負債會增加，有一部分也因為這本是世界金融體系下的循環。

基礎貨幣在全球給各國使用。

如果不把美元撒到全世界，世界的貿易就會停止運轉。

但如果讓美元流通到全世界，美國的貿易必然會維持赤字。

只要美國的貿易變成黑字，美元就會再回到美國，而沒有流通到世界。世界各國為了取得美元，必然會使美國變成貿易赤字。

這表示，某國貨幣成為世界的基礎貨幣，這件事打從一開始就有矛盾。

美國的基礎貨幣問題，突顯出「資本主義的缺陷」。所謂的資本主義，就是需要有人借錢才能持續運轉的機制，而借錢的人就是美國。也就是說，因為美國負債累累，所以世界經濟才得以運轉。

「要有人對外借錢，經濟才運轉得下去」，一般人看到這句話應該會有些疑惑。這卻是資本主義經濟的貨幣制度下的基本原理。

為什麼？容我簡單說明。

現在的貨幣與貴金屬沒有連結，所以要說它是紙片，還真的就是紙片；但這並不代表政府能夠擅自發行，又擅自使用。

資本主義經濟裡的貨幣，形式上是由各國中央銀行透過借貸來實現流通的。中央銀行發行「銀行券」並擔保其相應的價值，然後「借出」具有該價值金額的券。

要讓貨幣在市面上流通，原則上就只有這個途徑。所以市面上流通的貨幣，都是某人向銀行借來的。你每天手上拿的鈔票也是，追根究底都是某人的借款。而且，最後都要還到銀行那裡。

兌換外幣也是一樣，那些貨幣在市面上流通，但也是有人向該國的中央銀行借來的。為了讓金錢在社會上流通，就必須要有人先從銀行借錢出來。而且，借錢總有一天要還，還得加上利息。但市面上流通的錢，全都是銀行出借的錢，並沒有連利息的部分也流通。所以，市面上流通的錢往往欠缺了利息。

那麼，向銀行借錢的人，要怎麼加上利息還錢？這一點的話，可以把別人向銀行借的錢弄過來，獲得利息需要的金額，再拿去還。

此外，金錢不只會在社會上流通，也有部分是以儲蓄的形式保留下來。這麼一來，在市面上流通的資金會不足。為了彌補這種缺口，必須要有更多人向銀行借錢才可以。

什麼意思？就是「資本主義經濟的結構，是必須持續有人增加借款才可以運轉」。所以，如果沒人再向銀行借錢，貨幣流通量就會不足，經濟也將停滯不前。

不過，當一個國家的基礎建設或工業化已經達到一定程度，那企業就不需要再大量借款。這時候，市場上的流動資金會減少，中央銀行對此可以採取的唯一策略，就只有降低利率了。

利率變低，借錢會變容易。但這不表示，利率降低會讓不需要借錢的人隨便去借錢。

中央銀行也會試圖透過購買金融債權，來增加市場上的貨幣供應。但就算買下金融債權，這些資金也只是在股市或金融市場流動，難以真正進入實體經濟。

這樣一來，唯一能增加市場上貨幣供應的方法就是由政府來借錢。所以，先進國家在基礎設施跟工業化發展到一定程度之後，往往會背負著鉅額的財政赤字。美國會成為負債大國，在某種意義上也符合了資本主義原則。

美國的政府或民間借錢，可以讓美國的中央銀行——即聯邦準備銀行（FRB）大量發行美元。這些美元流向全球，促使世界經濟運轉。

反過來說，如果美國政府與民間不再借貸鉅額的錢，美元無法在全球流通，世界經濟就會停滯。

這一切的根源，都是來自資本主義的缺陷，也就是「唯有銀行借錢出去，錢才能在市面上流通」。

當務之急是創建「世界中央銀行」與「世界貨幣」

若想從根本解決美元的問題，唯一的方法就是成立世界中央銀行，由它發行世界貨幣。

現在雖然有個機構叫世界銀行，但它不發行鈔票，並非世界的「中央銀行」。它的主要宗旨，是貸款美元給發展中國家等對象。所以，它不是嚴格意義上的世界銀行。

我們應該成立的不是現在這種世界銀行，而是能在世界上發揮中央銀行功能的「世界中央銀行」。這樣一來，幾乎可以解決掉美元是基礎貨幣的矛盾。再說，也可以防止匯率變動所致的經濟不穩定。美元貶值、亞洲金融危機、英鎊危機等，匯率的大幅變動一直都讓世界經濟出現動盪，現在也一樣，是世界經濟的一大難題。

只要導入世界貨幣，就能解決大部分的匯率變動問題。

此外，如果這個世界中央銀行能提供貸款、支援給發展中國家，將能縮小世界的貧富差距，也會讓現在的富裕國家受惠。

這可說是有百利而無一害。

美元會失去基礎貨幣地位，但就連美國也會有許多好處。美國現在的經濟規模全球第一，到時候世界貨幣的交易量應該也會是最高的，必然可以維持世界金融中心的地位。

按照目前的經濟狀態，中國的經濟規模遲早會超越美國，這是顯而易見的道理。所以對美國來說，世界貨幣反而越早導入越好。不導入的話，為了守住美元的基礎貨幣地位，美國就必須一直支出龐大的軍費，也必須頻繁發動軍事行動或戰爭。很多美國人也會被迫失去寶貴的生命。

這樣看來，美國捨棄美元的世界基礎貨幣地位，致力於設立「世界貨幣」，才是有利的作法。

歐洲各國與中國也一樣，與其像現在這樣，讓欠債大國的美元維持世界的基礎貨幣，還不如有個合理的世界貨幣，應該會更有利於自己的未來。

歐元是絕佳的範本

創建「世界貨幣」聽起來有如痴人說夢。英國的經濟學家凱因斯等人，一直以來都在提倡世界貨幣這東西，但過去都未能實現。

在歐元的成功範例下，人類應該就發現這並非遙不可及。導入世界貨幣最為困難的部分，應該在於協調世界各國的利害關係吧。應該許多人會心想：「利害不同的大國與大國鬥來鬥去，這不會難以實現嗎？」

但以歐元來說，德國與法國長達好幾個世紀都水火不容，但就連這兩個歐洲大國也能攜手合作，廢止本國貨幣，導入共通貨幣。只要參考他們的合作過程，世界貨幣絕不只是夢想。

此外，導入世界貨幣時，兌換本國貨幣的手續等配套措施，也可以沿用歐元當時的作法。歐元導入時相當順暢，連德國、法國等大國，以及拉脫維亞等小國都一樣。參考歐元當時的兌換措施，要在全球各國導入世界貨幣應該就不是什麼難事。

此外，導入世界貨幣時，也可以請歐元當局提供技術支援。包括當時負責推動歐元的相關人士，以及負責歐元事宜的歐洲中央銀行，其中都會有適合擔任顧問的人才。

不能讓美國經濟垮掉

導入世界貨幣的過程，必須特別關注美國的動態。美國的合作是世界貨幣成功的基礎，因為現在世界經濟是在美元的信用基礎上運轉，為了順利導入世界貨幣，必須讓世界貨幣承接美元的信用。

對美國來說，導入世界貨幣就好比日本的「大政奉還」。[1]

美國（的美元）一直以來都是世界基礎貨幣，這個地位將交還世界，再由各國一起討論世界共通貨幣的事。可以說，損失最大的就是美國。

世界貨幣這項措施，將來固然能讓美國輕鬆，但短期無疑會造成美國的龐大損失——放掉世界基礎貨幣的地位，就非得好好面對國家負債的問題。因為，美國無法再像過去那樣，自己印出美元，再拿去還債。

只要出了差錯，美國可能會破產，而讓世界經濟陷入大混亂，其中的損害將非常巨大。

龐大債務固然是美國自己的責任，但那些賣東西給美國以謀生的各國，也必須負起間接的責任。以美國的狀況來說，他們畢竟持續推動世界經濟運轉有功，我想，做為交換，或許世界各國能為美國承擔某種程度的債務。當然還是要臨機應變，或許最後是世界中央銀行幫美國吃下一半的對外債務。

從根本解決人類的問題

世界貨幣，將由世界中央銀行貸款給各國。這與各國的中央銀行向民間銀行提供貸款的制度相同。也就是說，世界中央銀行將履行中央銀行的職責。與此同時，世界中央銀行也應該被授權，提撥一定金額用於環保與貧窮問題。

換句話說，世界中央銀行不僅負責提供世界貨幣的融資，也應該被授權「創造金錢」，並給予大家「使用它的權利」。

1 譯注：一八六七年十一月，日本德川幕府最後一位大將軍德川慶喜，將政權交還給明治天皇。

如前所述，世界各國的中央銀行一直都是透過借錢給某人，來讓金錢在市面上流通。但這種方式也有壞處。借款人減少或儲蓄金增加都會使貨幣流通量不足。

為了解決這一問題，世界中央銀行不僅應提供世界貨幣的融資，也應有權自由使用它所發行的貨幣。

當然，毫無限制地發行將會引發通貨膨脹，所以各國要討論出一個額度，在此額度下不會引發惡性通膨。再者，將這些錢的用途鎖定在商業世界無法解決的難題上，例如環保或貧窮問題。如此一來，這些問題或許可以得到解方。

而且，只要靠發行世界貨幣來支應，可以確保資金充足。

這一點，與各國中央銀行以往的體制相差甚遠。我想應該也有人懷疑可行性？

如果中央銀行可以自由使用其發行的貨幣，那對政府來說是超級方便的。但實際上，這種紙幣等於政府可以自由發行，將導致價值不被信任、進而無法流通的弊病。再者，貨幣流通也可能有風險，因為政府發行過度將導致通貨膨脹。

所以，中央銀行原則上一向不允許直接使用自己所發行的貨幣。

不過，看看最近虛擬貨幣的成長狀況，或許能看出這並非不可能。許多人都知道，虛擬貨幣近年相當普及。

虛擬貨幣和人類以往的貨幣有個地方很不同。

那就是，虛擬貨幣並非透過融資而流通。虛擬貨幣在被「製造」出來的時點，就已經有身為貨幣的價值了。由於實現了「不以融資的形式，照樣也能流通」——從這一點來看，虛擬貨幣的意義重大。

就算沒有貴金屬或資產做為擔保，只要一定的人認識到它是「有價之物」，這樣的貨幣就算是在流通了。

事實上，現在絕大多數國際上的貨幣都沒有和貴金屬連結，本質上都只是紙片。各國是以自身保有的資產與經濟力，間接擔保本國的貨幣，才得以實現流通。

所以，虛擬貨幣這種貨幣流通，你要說它不奇怪，也真的是不奇怪。

虛擬貨幣已經具體做到了這一點。

反過來說，就連沒有任何國家保證價值的虛擬貨幣，都能流通到某種程度了，假如世界各國聯合保證世界貨幣的價值、發行有益於國際經濟的通貨，那麼，世界貨幣肯定可以獲得信任，並順利流通。

現代貨幣理論的迷思

順帶一提，有一種叫做現代貨幣理論（MMT）的經濟理論，最近在日本等國家有許多討論。現代貨幣理論的內容，可以簡單描述為，「以本國貨幣發行國債的國家，可以不管財政赤字，再追加發行國債」。這是美國哈佛大學教授蘭德爾・雷（L. Randall Wray）等人，從九〇年代就在提倡的。

如果真的可以無視財政赤字，不斷發行國債，各國政府就不會為財政所苦——不管是對付新冠肺炎或種種社會問題，都可以闊綽地花錢解決。

這既可以解決一直以來提到的「貨幣機制的矛盾」一事，財政問題、經濟問題也都能解決。不過，現代貨幣理論真的有用嗎？這個問題在經濟學上尚無結論。全世界的專家學者視它為一種有疑慮的理論。許多經濟學家認為這根本是荒誕無稽，「不必在意國債的餘額就發行國債，太離譜了」。

但話說回來，毫無資產擔保的虛擬貨幣在社會上流通，而現代各國的貨幣，也絕大多數無法互換貴金屬，「只是紙片」。同樣道理，「政府即使不確定能否清償，依然可以發行國債、加印紙鈔」，這種想法應該也不能斷定為荒誕無稽的理論。

不過，這套理論還是有很多地方可以吐槽。如果要當作經濟理論，有些地方還需要再斟酌。

例如，在一些專著中，有人比較希臘和日本，寫道「日本國債餘額的GDP占比雖然比希臘高，卻沒有像希臘那樣遭逢金融危機。這是因為日本發行本國貨幣，又以本國貨幣發行國債」。

作者的論點是，「以本國貨幣發行國債的國家，可以不用去在意金融危機和財政破產的問題」。然而，凡是能讀報的人，都知道日本和希臘的經濟差異，不只在於

「是否以本國貨幣發行國債」而已。

日本是世界第三大經濟大國，也是世界第一大淨債權國，人均的外匯存底是世界第一。因為有這樣的經濟實力，才有本事以本國貨幣發行國債。

再者，如前所述，美國雖然背負著巨額的財政赤字，國際債務是全球最多，但每年依舊以美元發行巨額國債。以現代貨幣理論的邏輯來說，就是「美國未來也可以不斷發行國債」。

以目前的經濟學角度來看，美國的經濟狀態極其危險，任何時候發生債務違約都不奇怪。

現在，世界各國買進美國的國債。因為他們相信美國。也因為世界各國買了美國國債，美國才得以再發行下次的國債。不過，如果美國宣布「未來我們會毫無限制地發行國債」，那很可能會動搖美國國債的信用。

不去深入分析美國的這種特殊狀況，只因為還沒出事，就直接認定未來也不會出事，這種理論未免也太粗暴了。這好比，「這座橋到現在都沒垮過，所以可以無限加重，讓超重的車開過去也沒問題」。

正如上述，現代貨幣理論還有許多瑕疵。

如果不是各個國家發行國債，而是由整個世界發行「世界貨幣」，這樣應該能避免國債的那種風險。國債的信用會因為世界經濟的走向而有所改變，但如果是世界各國同意設立的貨幣，應該就能有無與倫比的信用。

引爆全球經濟的世界貨幣

世界貨幣的發行，必然會為世界經濟帶來很大的正面影響。發行後，用於解決環保與貧富落差問題，就能帶來相應的成長。

如果發行價值一百兆日圓的世界貨幣在全世界流通，[2]將對世界的市場造成極大衝擊。不光發展中國家的產業，連先進國家的產業也會受惠。

2 編注：約為新臺幣二〇．五七兆元。

世界貨幣的發行，也能大幅減輕先進國家的負擔。

先進國家現在援助發展中國家的形式有很多。有許多發展中國家或貧窮國家的難民、移民都湧入先進國家，造成相當大的負擔。要接收為數眾多的難民與移民，必然會花費很龐大的費用。再者，由於治安容易因此惡化，這部分的負擔勢必會增加。

難民與移民的問題，有許多部分都是出於經濟。發展中國家的紛爭，背後也多半和經濟有關。

只要利用世界貨幣，支援ＧＤＰ低的發展中國家與貧窮國家，應該可以逐步解決這些問題。受惠於世界貨幣而生活安定的人，也會慢慢變多。這麼一來，前往先進國家的難民與移民將會大幅減少。對這些人來說，能在自己出生地區繼續生活，自然再好不過。畢竟，在其他國家生活其實很辛苦。

總之，世界貨幣將大大造福發展中國家與貧窮國家，而且先進國家的負擔也會大幅減少。沒有國家吃虧。

向有錢人課稅的間接手段

發行世界貨幣還有另一大好處，就是「可以間接對有錢階層收取稅金」。幾乎不會有人吃虧，硬要說的話，只不利於有錢階層的人。

因為，世界上多出了這些發行的錢，會多少降低金錢在各國的價值。也就是說，全世界的人必須忍受「金錢在世界上的價值減少」這件事。

如果金錢的價值減少，最吃虧的是誰呢？就是有錢階層的人。

就算如此，有錢人也絕對不會抱怨世界貨幣的發行。

有錢人當然會在意自己的資產價值減少，但他們不會太在意金錢本身的價值波動。有錢人手上有錢也有物品，錢的價值下滑，則物品的價值會上升，所以他們不太會吃虧。

而且，有錢人當然也希望景氣變好。像是日本銀行[3]實施「異次元貨幣寬鬆」政

3 譯注：簡稱日銀，即日本的中央銀行。

策時，投資人與其他有錢人都相當樂見。

「異次元貨幣寬鬆」這個金融政策，是指日銀透過購買金融商品，來增加社會上金錢的流通量。雖然國家整體的財富沒有增加，但只要金錢的流通量增加，金錢的相對價值就會下滑。因此，原本越有錢的人，就越吃虧。

不過，當時的投資人與有錢人都極為歡迎異次元寬鬆政策。主因在於「股價可能上漲」、「景氣有可能變好」等。而且他們也知道，在貨幣寬鬆下，有錢人的資產價值不會受到太大影響。所以，就算發行世界貨幣，景氣也一定會好轉，應該無人反對才是。

這將是一種理想的「間接稅」，沒有任何人吃虧，讓大家都獲益。

後記

要解決人的問題，先解決錢的問題

正如我們在本書中一路看下來的，歷史上的國際事件、紛爭以及戰爭等，背後大致都會牽扯到金錢的問題。

我個人認為，要解決這種金錢的問題，應該不是那麼困難的事。

解決之道就在於「救助貧困者」。

沒有必要做到全球人人平等（事實上不可能），畢竟，我們可以從共產主義國家的失敗看出，一個社會如果追求人人都平等，不但會生產力低落，也很容易發生權力過度集中的現象，反而最終造成人與人的不平等。

或許該努力一下，聚焦在貧困者身上，打造出不會產生貧困階層的社會——這並非不可能，只需要優先把手伸向貧困者，好好幫助他們。只要各國拋開意識形態，只針對這一點形成共識，大家通力合作，要做到這件事應該不困難。

假如貧困者消失，這個世界的治安應該會變好，引發紛爭與戰爭的因素也會大幅減少。

我個人認為，上述是我們最該優先努力的目標。

在二〇二二年初的此時，全球仍處於新冠疫情。疫情給世界各國帶來莫大的打擊，很多人在經濟上因而變得困窘。甚至可以形容，疫情的狀態使得未來容易發生治安惡化，甚至出現紛爭與戰爭。

這種狀況下，世界各國應該優先處理「救助貧困者」這件事。如果只鎖定在這件事，財政上的負擔就不致於太過龐大。只要能維持社會治安與秩序，經濟自己就會慢慢好起來。「救助貧困者」可望成為「讓經濟重新站起」的最有效作法。

身為作者，我最期盼的就是世界各國都能夠朝著這個方向去做。

最後，我也要對ＰＨＰ出版社的前原真由美小姐、以及盡心盡力於製作本書的各位大德，致上最深的謝意。

二〇二二年初春　大村大次郎

参考文献

『アフリカ史の意味』　宇佐美久美子著　山川出版社
『オスマン帝国』　鈴木董著　講談社現代新書
『図説西洋経済史』　飯田隆著　日本経済評論社
『日本経済史　近世—現代』　杉山伸也著　岩波書店
『日本経済史』　石井寛治他編　東京大学出版会
『日本経済史』　永原慶二著　岩波書店
『日本経済の200年』　西川俊作他著　日本評論社
『日本産業史』　有沢広巳監修　日本経済新聞出版
『日本の外交』　井上寿一他編　岩波書店
『日本の戦後賠償』　永野慎一郎・近藤正臣編　勁草書房
『戦後史の正体』　孫崎享著　創元社
『EU経済論』　田中友義著　中央経済社
『戦後ドイツ経済史』　出水宏一著　東洋経済新報社
『ケインズ』　R・スキデルスキー著　浅野栄一訳　岩波書店
『ドイツ経済史』　H・モテック著　大島隆雄訳　大月書店
『ケインズと世界経済』　岩本武和著　岩波書店
『アラブ500年史　上・下巻』　ユージン・ローガン著　白須英子訳　白水社

『〈中東〉の考え方』　酒井啓子著　講談社現代新書
『「アラブの春」の正体』　重信メイ著　角川ＯＮＥテーマ21
『「イスラム国」謎の組織構造に迫る』　サミュエル・ローラン著　岩澤雅利訳　集英社
『国際テロネットワーク』　竹田いさみ著　講談社現代新書
『イラクとアメリカ』　酒井啓子著　岩波新書
『イラク　戦争と占領』　酒井啓子著　岩波新書
『現代イラン』　桜井啓子著　岩波新書
『非聖戦』　ジョン・K・クーリー著　平山健太郎監訳　筑摩書房
『テロ・マネー』　ダグラス・ファラー著　竹熊誠訳　日本経済新聞社
『石油がわかれば世界が読める』　瀬川幸一著　朝日新聞出版
『金融と帝国』　井上巽著　名古屋大学出版会
『通貨戦争』　ジェームズ・リカーズ著　藤井清美訳　朝日新聞出版
『円の興亡』　行天豊雄著　朝日新聞出版
『通貨燃ゆ』　谷口智彦著　日経ビジネス人文庫
『米中経済と世界変動』　大森拓磨著　岩波書店
『世界を震撼させる中国経済の真実』　榊原英資著　ビジネス社
『アメリカvsロシア』　ウォルター・ラフィーバー著　平田雅己・伊藤裕子監訳　芦書房
『ソ連崩壊1991』　石郷岡建著　書苑新社
『ソ連崩壊史』　上島武著　窓社
『ロシアの連邦制と民族問題』　塩川伸明著　岩波書店
『現代ロシア国家論』　木村汎著　中央公論新社
『金融の世界史』　板谷敏彦著　新潮選書

國家圖書館出版品預行編目 (CIP) 資料

世界大局用錢解讀 / 大村大次郎 著 ; 江裕真 譯 . -- 初版 . -- 新北市 : 一起來出版 , 遠足文化事業股份有限公司 , 2024.09
面 ; 14.8×21 公分 . --（一起來 ; ZTK0052）
譯自 : お金で読み解く世界のニュース

ISBN 978-626-7212-92-9（平裝）

1. CST: 國際經濟　2. CST: 經濟情勢　3. CST: 新聞報導

552.1　113007887

一起來　0ZTK0052

世界大局用錢解讀

お金で読み解く世界のニュース

作　　者　大村大次郎
譯　　者　江裕真
主　　編　林子揚
編輯協力　鍾昀珊

總 編 輯　陳旭華 steve@bookrep.com.tw
出版單位　一起來出版／遠足文化事業股份有限公司
發　　行　遠足文化事業股份有限公司（讀書共和國出版集團）
　　　　　231 新北市新店區民權路 108-2 號 9 樓
　　　　　(02) 22181417
法律顧問　華洋法律事務所　蘇文生律師

封面設計　兒日設計
內頁排版　新鑫電腦排版工作室
印　　製　通南彩色印刷有限公司
初版一刷　2024 年 9 月
定　　價　400 元
I S B N　9786267212929（平裝）
　　　　　9786267212875（EPUB）
　　　　　9786267212868（PDF）

OKANE DE YOMITOKU SEKAI NO NEWS

Interior Illustration by EVERYTHINK Co., Ltd.
First original Japanese edition published by PHP Institute, Inc., Japan.
Traditional Chinese translation rights arranged with PHP Institute, Inc.
through Keio Cultural Enterprise Co., Ltd.